関東下知状を読む

弘長二年　越中石黒荘弘瀬郷

はじめに

中世、わが国では荘園が急増、急拡大していました。

越中国（富山県）では西南部に砺波郡があり、さらにその西南端に「円宗寺領石黒荘」がありました。荘園としての成立は十一世紀後半の半ば。後三条天皇の「延久の荘園整理令」施行後初めて誕生した天皇家の荘園であり、開発領主（在地領主）は地方豪族の石黒一族でした。

石黒荘の最上位の領主「本家」は円宗寺でしたが、平安時代後期に十郷に分割統治され、その一つに「弘瀬郷」がありました。弘瀬郷の実質的な領主「領家」は天皇家とゆかりの深い仁和寺菩提院でした。菩提院が「預所」という荘園管理者を置き、その下で在地領主である石黒党の藤原氏が「下司」（荘官）となって荘園内の土地や百姓、年貢などの管理実務を行っていました。

ところが鎌倉幕府が設置されるや荘園の管理体制が一変しました。下司であった藤原氏は幕府から自分の所領を安堵される形で「地頭」という地位を与えられたからです。これを境に朝廷と幕府（武家政権）との二重支配にかわり、預所と地頭とが壮絶な闘いを繰り広げることになりました。所領をめぐる相論（裁判）が全国で発生し、弘瀬郷では預所「幸円」と地頭の「藤原定朝・時定・宗定」が幕府法廷で争いました。その裁許状が「弘長二年関東下知状」として今に残されています。

この裁判記録はわが国荘園史を研究するうえで第一級の史料であり、私たちに「中世弘瀬郷の世界」の絵図を描かせてくれます。有難いことに、この下知状以外にも弘瀬郷における領主と地頭の争いを記録した何通かの和与状や裁許状が残されており、いずれも弘長の相論で問題となった事件が再度、再々度と係争の場にあがっています。鎌倉幕府が滅んだ元弘三年（一三三三）までの記録があり、室町・戦国時代に向かって武士勢力が次第にのし上がっていく様子をうかがうことができるのです。

本書はこうした「中世のわが郷土」の状況を一部でも再現したいと集まった地元「福光城址・栖霞園をひらく会」の有志達の勉強会の報告書です。

本書の構成

以上のような認識と視点から、本報告書では、まず第一章で荘園に関する予備知識を得るため、専門学者の書を参考に日本の荘園史と弘瀬郷の歴史を概観しました。第二章では下知状本体の解読に挑戦しました。【原文】を読みやすいように段落分けし、【読み下し文】【意訳】【解説】の三段階で歴史的事実に迫り、第三章では弘長年代以降鎌倉時代末期まで弘瀬郷で展開された領主・地頭の相論を取り上げ、【現代語訳】と【解説】によって継続事件や新事件を追察しました。

なお、関東下知状の原文や他の和与状・下知状の原典はいずれも「富山県史（史料編Ⅱ中世）」掲載のものを使用し、意味が不明ないし曖昧な部分には傍線を引き、今後の研究課題としました。

本書の読み方

弘長の下知状は長文です。しかも古い時代の出来事が漢文で書かれていています。まず第一章によって、この裁判の舞台となった弘瀬郷の歴史と登場人物をつかんだうえで、第二章ではまず意訳と解説を読み、興味のある個所については原文や読み下し文に戻る、という読み方をお勧めします。

目次

第二章　裁許状にみる石黒荘弘瀬郷の荘園現場

第三章　その後の弘瀬郷における相論と和与

第一章　弘長二年関東下知状を読む前に

1　荘園史概観

荘園公領制

荘園を理解することは難しい。荘園は「墾田永年私財法」が公布された八世紀半ば以降に誕生し、「太閤検地」が実施された十六世紀末に消滅した。およそ八百年間わが国の人民と土地を支配した基礎的かつ総括的な政治経済システムでありながら、律令制や幕藩制のような国家としての法や制度はなく、各地・各時代・個々まちまちで、画一的な姿をとらえることができない。

とはいっても、日本の全体的な荘園史の流れを知らなければ、個々の荘園を把握することはできない。本書の研究対象は、弘長二年関東下知状などによって示された平安時代後期から鎌倉時代末期までの荘園「円宗寺領越中国石黒荘弘瀬郷」である。下知状の原文は口絵や巻末資料で記載したが、中に出てくる言葉や文章の意味を理解するには、当時の政治権力や土地支配構造の把握から始めなければならない。

そこで、まず荘園史を概観することからスタートする。ただし、現在の歴史学会では、中世の日本の土地制度について、かつての「荘園制」というとらえ方ではなく、「荘園公領制」と表現することが多くなっている。これは歴史学者網野善彦氏が唱えた概念で、一言でいえば、荘園と公領が併存していたとみる歴史観である。

公領とは

公領の始まりは奈良時代の「公地公民制」下における公地だった。後に公田《くでん》といわれる田地とも意味が通う。土地はすべて国（＝天皇）のものであり、人民（良民）に口分田が班給され、国税が課せられた。

やがて農地不足や耕作民の逃亡などによって平安時代の早い段階で班田が実施されなくなった。と同時に、公地（＝公領）は田堵《たと》と呼ばれた有力農民に貸し出されるようになった。この田地を「名《みょう》」といい、課税制度が班田による人数単位から名＝田地面積単位にかわっていった。

こうした公領の管理つまり地方行政は、若狭国・越前国・加賀国・能登国・越中国といった当時の「国」（五畿七道＝六十六か国および二島）単位で行われ、各国に「国司」といわれる行政官が中央から派遣された。国司は守《かみ》、介《すけ》、掾《じょう》、目《さかん》の四等官からなり、任期は六年（のちに四年）。平安時代になると通常は在京し（この場合を遙任国司といった）、現地には代官が赴いた。国はさらに郡、郷、保といった行政単位に区分され、それぞれ「郡司」「郷司」「保司」という地位についた者が税の収取や土地の管理にあたった。通常、郡司や郷司らはその地に古くからいた豪族が任命されたが、京都からきた中・下級貴族もいた。

国司が行政を遂行する役所が置かれていた区域を国衙《こくが》といったので、公領は国衙領ともいわれた。また、国司が在京した場合は、目代《もくだい》と呼ばれる代官を中心に、在庁官人《ざいちょうかんじん》と呼ばれる介以下の官人が国務を執った。その場合の現地政庁を留守所《るすどころ》といった。

ちなみに奈良時代中期の天平十八年（七四六）に越中国司（越中守）となったのは大伴家持だった。律令制の初期段階では国司の遙任化はなく、家持は代官を置かず本人が赴任した。大伴氏は大和朝廷始まって以来の武門の名家。祖父安麻呂・父旅人はともに律令下の高級官僚だった。国司は管内の祭祀・行政・司法・軍事のすべてを司り、今の県知事以上に強大な権限を有していた。中でも国内の検地や勧農にかかわる任務は重要なものであり、家持は越中各地を視察した。越中国司在任中に万葉集二百数十首の和歌を詠んだ。

平安中期以降になると、朝廷は一国の土地支配権（これを知行権《ちぎょう》という）を貴族や寺社に与えて収入を得させた。知行とは当時の土地支配の概念で、不動産を占有することである。一国の知行権を与えられた者を「知行国主」といい、国主は自分の子弟や近親者を国司に選んだ。国司を通じて一定の国税さえ納めれば、公領からの他の収益を自分のものにでき、国司は次第に遙任化していった。郡司・郷司・保司にもそれなりの取り分（これを得分《とくぶん》という）が与えられた。

荘園の発生

一方、こうした公領経営の中から荘園が生まれた。墾田永年私財法によって私有地が公領の内外に増え始めた。国司の中で在京せずに現地に赴任した者（これを受領《ずりょう》という）や郡司・郷司・保司その他現地の有力豪族らが人民の零細な墾田を買収し、あるいは自分で資材と労働力を投入して開墾をすすめた。彼らを在地《ざいち》領主《りょうしゅ》といった。

在地領主は自分が開発した私有地を不輸《ふゆ》（＝国税免除）の特権を持つ中央の有力貴族や寺社に寄進し、自らは荘園の現地管理者（これを荘官という）になった。私有地にも国税はかかったので、国司に国税を払うより荘園領主に年貢を納める方が得だったからだ。そして何よりも、一所懸命開発した土地を実質的に管理することができた。彼らは土地を守るため、次第に武士化していった。

荘園と公領とはどのくらいの面積割合で展開したか。国によって状況は異なったが、平氏の時代つまり平安末期には全国的に見てほぼ半々だったとみられている。「中世は荘園が全国をおおった時代という古くからの漠然たる理解は修正される必要がある」（永原慶二著「荘園」）という。

荘園領主と荘務権

荘園の支配構造は複雑だった。一口に荘園領主といっても本家《ほんけ》―領家《りょうけ》―預所《あずかりどころ》という重層したタテ構造になっていた。本家は皇室や摂関家のような最上位の権門貴族がその地位についていた。不輸権が安定していたからだ。領家は荘園の実質的な領主として「荘務権」を持つ者（これを本所《ほんじょ》といった）であり、その下に預所がいた。預所は在京する場合と在荘の場合があった。

荘園現場では預所の指揮下、荘官たちが荘務を担当した。一般的には「下司《げし》」と呼ばれる者が現場を統轄した。預所が中司といわれたのでそれに対応した職名だったようだ。また文書の作成・管理に携わる者を「公文《くもん》」といい、荘務を記録するとともに、領主や国衙への報告書をつくった。荘官は領家が補任《ぶにん》（＝任命）したが、前述したように、荘官らはもともとその荘園の土地を開発・寄進した在地領主が大半だった。下司、公文にも得分があった。

では荘務とは何だったか。発生史的にみれば、公領に対する国家の支配権＝「国務」を荘園内に置き換えて分割継承したものとみられ、基本は国務と同じだった。永原慶二著『荘園』では次のように説明している。

第一に検田（検地）権である。年貢等を徴収するには、まず土地の測量をしなければならない。荘内の土地を「検注」し、「給田」や「除田」の給付や「名田」の編成を行う権利である。第二が勧農権。荘民に対して耕地を割り当て、怠りなく満作（百％作付け）させ、秋には年貢の収取を確実に行う。さらに荘民に課す「雑公事」「夫役」の量を決定し、収納する。第三が検断権。これは荘民に対する人身支配権のことで、殺人・窃盗・けんか・博打などの刑事事件に対する警察・検察権である。

このうち検田権と検断権を荘園領主が持つことを、不入権《ふにゅう》（＝国司が荘園内へ立ち入ることを拒否する権利）といった。

郵便はがき

930-0190

料金受取人払郵便

富山西局
承認

9115

差出有効期間
2019年
9月30日まで

切手をはらずに
お出し下さい。

富山市北代三六八三－一一

（受取人）

桂書房

行

桂書房の本・ご注文承り書

3千円以上のご注文は送料サービス。
代金は郵便振替用紙にて後払いです。

書名	本体価格	注文○
ある近代産婆の物語	二、八〇〇円	
石黒党と湯浅党	一、五〇〇円	
越嵐 戦国北陸三国志	二、八〇〇円	
越中富山 山野川湊の中世史	五、六〇〇円	
富山城の縄張と城下町の構造	五、〇〇〇円	
加賀藩を考える	二、〇〇〇円	
近世砺波平野の開発と散村の展開	八、〇〇〇円	
富山民俗の位相	一〇、〇〇〇円	
立山信仰と布橋大灌頂法会	二、八〇〇円	
浄土と曇鸞	一、八〇〇円	
定本納棺夫日記	一、五〇〇円	
宗教・反宗教・脱宗教（岩倉政治論）	三、〇〇〇円	
絶望のユートピア	五、〇〇〇円	
棟方志功・越中ものがたり	二、〇〇〇円	
最古の富山県方言集	二、〇〇〇円	
越中萬葉と記紀の古伝承	五、五〇〇円	
富山文学の黎明(二)	一、三〇〇円	
水橋町（富山県）の米騒動	二、〇〇〇円	
女一揆の誕生	二、〇〇〇円	
ためされた地方自治	一、八〇〇円	
明治・行き当たりレンズ	一、八〇〇円	
毛ばり釣り師の日記帖	一、三〇〇円	
越中怪談紀行	一、八〇〇円	

書名	本体価格	注文○
村の記憶	二、四〇〇円	
地図の記憶	二、〇〇〇円	
山姥の記憶	二、〇〇〇円	
鉄道の記憶	三、八〇〇円	
有峰の記憶	二、四〇〇円	
おわらの記憶	二、八〇〇円	
となみ野 散居村の記憶	二、四〇〇円	
越中福光麻布	一、八〇〇円	
郷土研究を志す人へ	一、五〇〇円	
北陸海に鯨が来た頃	二、〇〇〇円	
榊原守郁史記	二、四〇〇円	
加賀藩救恤考	三、七〇〇円	
近世金沢の出版	四、二〇〇円	
入越日記	三、〇〇〇円	
加賀藩の都市の研究	六、〇〇〇円	
大聖寺藩制史の研究	三、五〇〇円	
加賀中世城郭図面集	五、〇〇〇円	
関東下知状を読む	二、〇〇〇円	
官人大伴家持	一、五〇〇円	
古代越中の万葉料理	一、三〇〇円	
越中の古代勢力と北陸社会	二、五〇〇円	

ご注文者 住所氏名

〒　　　－

ただし、荘園領主（本所）がこの三つの荘務権をずっと維持できたわけではない。現場で実際に荘務にあたったのは主に在地領主（下司）であり、のちに両者の抗争が繰り広げられる。

職の体系

荘園公領制の支配構造は、「職《しき》の体系」で成り立っていた。十世紀以降、官職が世襲される傾向が強まり、職権とそれに伴う得分権とが私財化されていった。この二つの権利を併せて指す用語が「職」である。つまり、荘園では本家職・領家職・預所職・下司職などの職が出現し、公領では郡司職・郷司職・保司職などが出現した。

荘園は、領主（本家・領家）が不輸の特権を得て始めて荘園として立荘される。院政期になると、公験《くげん》（＝特権があることを証明した文書）を獲得するには厳しい審査を受けなければならなくなった。つまり、律令という建前上、荘園はあくまでも国家が認めた国土の一部であり、職の体系から見れば、荘園であれ公領であれ、国家の支配下にあり、その意味での「荘園公領制」だったのである。

重要な点は、職の体系における国家の最上位者つまり朝廷内の実質トップが誰であったかということだ。こうした観点で歴史を遡った場合、公地公民制時代の最上位者は天皇であり、平安期に入ると、摂関の地位を独占し天皇の外戚として国政を牛耳った藤原氏が最高の人事権者であった。藤原氏の一族郎党が全国の知行国主、受領、荘園領主に入り込んだ。

国司やその代官は地方における国務を掌握しており、定量の公納物は必ず進済しなければならない。ということは、公領を削って荘園にしてしまえば、国税は免除され、他の収益はかなり恣意的に運用できるようになる。これを一族こぞって最も熱心にやったのが藤原氏だった。「この世をば　わが世とぞ思ふ　望月のかけたることもなし　と思へば」――三人の娘を天皇に嫁がせた藤原道長とその子頼道は絶頂期を謳歌した。

後三条天皇と王家の荘園

藤原氏一族の荘園拡大に歯止めをかけ、昔の王家主導の政治に戻そうとしたのが、百七十年ぶりに藤原氏を外戚としない天皇になった後三条天皇だった。皇位につくとすぐに「延久の荘園整理令（一〇六九年）」を発令した。荘園整理令とは荘園の停止・制限に関する政策で、それ以前に何度も発布されていたが、（藤原氏の配下にある）国司任せでうまくいかなかった。後三条天皇は「記録荘園券契所」という役所を中央に置いて厳しく査定した。

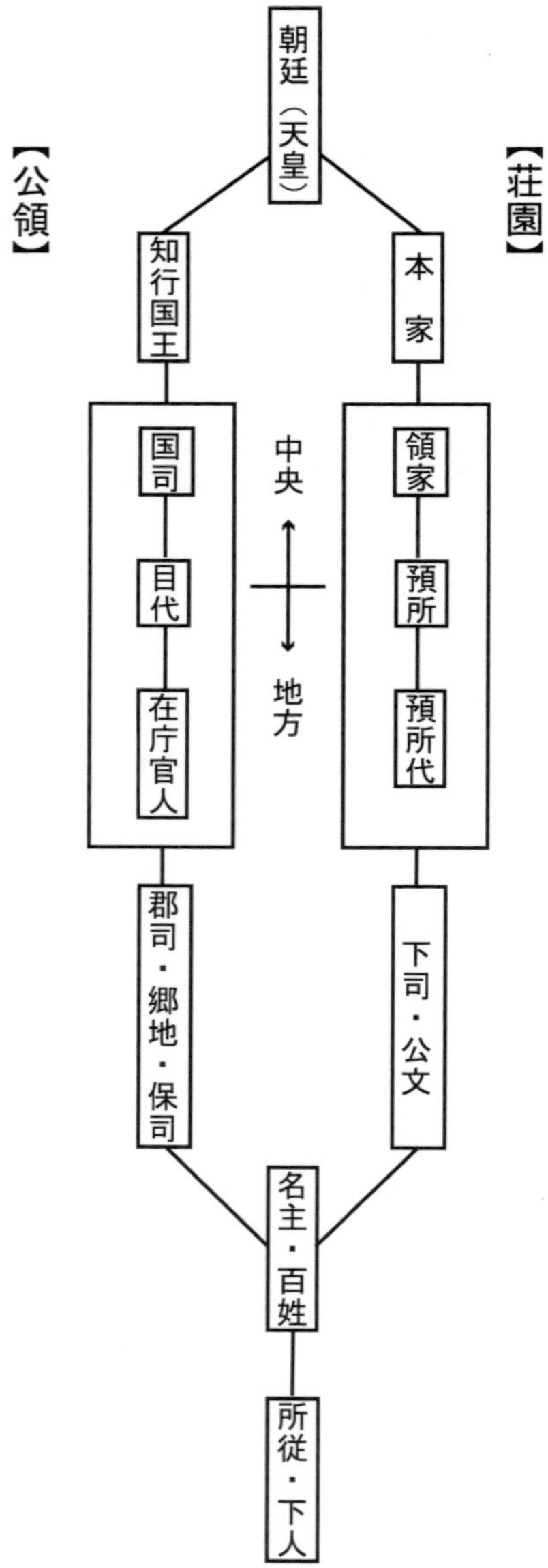

さらに後三条天皇に続く白河・鳥羽・後白河の院政時代になると、院は、王家の私領としての荘園を全国につくりあげていった。院は、天皇家の家長として国政上の制約から離れた立場にあり、いわば「家産」としての荘園を増やしていった。身近な血縁者である女院や御願寺を本家に据えた女院領荘園や御願寺領荘園が瞬く間に全国に広がった。

代表的なものに、鳥羽天皇の皇女八条院暲子に与えられた八条院領（二百二十箇所以上）や、後白河法皇の長講堂領（最多期には約百八十箇所）などがある。つまり、院政とは、職の秩序のトップの座を藤原氏から王家が奪還したという意味が大きい。

円宗寺領越中国石黒荘は、御三条天皇が延久の荘園整理令に則って創設した最初の「王家の荘園」とみられている。円宗寺《えんしゅうじ》は京都・御室の仁和寺南傍に建立された後三条天皇の御願寺であり、天皇は同寺において鎮護国家の法会を盛大に営み、王家復活をアピールしたかった。つまり石黒荘は王家が主催する国家事業の、資金源のひとつとしてスタートした。

武士の台頭

ただし、院が朝廷内における最高権力を奪い返したとはいえ、藤原氏との協調時代がしばらく続いた。そこに割り込んできたのが武士勢力だった。公領であれ荘園であれ、国主や国司・本家・領家は都を離れず、代官を派遣して利益だけを懐に入れていた。公領の場合、実際に現地に下向した国司（受領）や目代が一定の税を取り立てて京都に送ったあとは何をやってもよかった。朝廷に国司志願者が殺到した。受領として、あるいは受領に奉仕する「さむらい」として、地方に下る者が続出した。その最大の勢力が賜姓皇族、すなわち平氏と源氏だった。

現場は次第に武士たちが幅を利かせる世界になり、受領勢力と在地領主との諍いも発生した。平氏も源氏も在地領主も「武士団」を強化していった。都に近い南都北嶺（興福寺、延暦寺、園城寺）では荘園の権利などをめぐる僧兵の強訴事件が相次いだ。それどころか「保元の乱（一一五六年、後白河天皇と崇徳上皇との争い）」、「平治の乱（一一五九年、後白河院の近臣の座をめぐる争い）」では京都の禁裏が戦場になった。

両乱を鎮めた平清盛が新たな最高権力者として登場した。武士の棟梁として初めて太政大臣となった清盛は自ら伊予国主や佐渡国主になったのをはじめ、平氏一門を諸国の受領に配し、日本六十六か国中三十余か国を平氏の知行国とした。厳島神社を一門の氏神とし、西国武士を糾合して後白河院を意のままにしようとしたが、清盛の限界は、権力を得るとともに公家化・貴族化し、王家や藤原氏がつくりあげた王朝政治と同調したことだった。

鎌倉幕府と御家人・地頭の誕生

治承四年（一一八〇）、「平氏打倒」を呼びかけた後白河院の第三皇子・以仁王《もちひとおう》の令旨に応える形で、東国の武士を集めた源頼朝が八月伊豆で挙兵、翌月木曽義仲が信濃で挙兵し、源平争乱の幕が切って落とされた。源氏はたちまちのうちに東国の武士を引きつけ、平氏を滅ぼしただけでなく、「武家政権」を打ち立てた。武家の棟梁が国家の実質的な最高権力を握ったという意味では清盛の場合もそうであったが、頼朝は朝廷から「右近衛大将《うこんえのだいしょう》（右大将）」という官職をもらって、朝廷とは別の権力機構である「幕府」を開いた。これによって職の体系のトップに武家が割り込んだのである。

頼朝は文治元年（一一八五）、自ら「日本国総地頭」の地位についた。知行国主に代わって国地頭を置き、公領や荘園にも「地頭」を置いた。荘園・国衙領に反当り五升の兵粮米を割り当て、徴収する権利を朝廷から得た。さらに、全国に数百余か所あった平氏の荘園を自分のもの（「平家没官領《もっかん》」という）にし、三河・駿河・武蔵など九か国を自分の知行国（「関東御分国」という）にするなど、日本一の土地持ちになった。

荘園において地頭は年貢や公事を徴収するとともに、治安維持が役目だった。つまり当初は地頭＝下司であり、幕府から最初に地頭職を命じられたのは、平家討伐で頼朝に従った「御家人」だった。さらに、往古から未開の土地を私力で開発し、頼朝から「所領安堵《あんど》（＝承認、保証）」の下文《くだしぶみ》をもらった者も御家人に選ばれた。地頭には非御家人武士もいたが、鎌倉幕府は地頭を諸国に配することで、武家による管理支配網を築こうとした。

つまり、地頭を補任された者の多くは下司職や郡司・郷司に甘んじていた在地領主か、源平の合戦で手柄を立てた武士だった。それまでの在地領主は荘官以下の地位にとどめられ、武力的奉仕者という低い身分に抑え込まれていたのに対し、「御家人地頭」は将軍直属武士という新しい身分（＝御家人）と、荘園・公領における新たな職（＝地頭職）を幕府から保証された。「先祖伝来の土地の所有者になる」という在地領主（＝武士）の夢が膨らんだ。

二重支配

だが、地頭の夢は簡単には実現しなかった。幕府は、頼朝が直接支配した平家没官領や関東御分国を除けば、年貢納入については朝廷・荘園領主の立場を従来通り保障した。

なぜか。現実問題として、特に西国においては朝廷や公家、有力寺社の力が依然として強かったからだ。例えば「国地頭」については、設置のすぐ翌年の文治二年（一一八六）、朝廷や女院、御願寺などから「荘務を混乱させる」と抗議を受け、畿内近国三十七か国においては即廃止せざるを得なかった（ただし、検断権を有する「惣追捕使《そうついぶし》」という名で引き継がれ、のちに「守護」となった。源義経・行家らの探索・逮捕という名目のもとに、国内の一般的な治安警察や警備を職権とするよう切り替えられたからだ）。同時に、戦時立法として朝廷から認められた兵粮米徴収権も撤回させられた。

さらに荘園や国衙領内に置いたばかりの地頭職についても、いったんは廃止させられたところがあった。後で見るように石黒荘の場合、関東から派遣された山田郷の御家人地頭はすぐ退任させられたが、在地領主からのし上がった弘瀬郷の地頭藤原氏はしぶとく残った。地頭職には幕府権力の裏付けがあるとはいえ、現地では領主の命令も聞かなければならない。荘園領主や国司から従来通り荘官や郡司・郷司・保司として任命される者も多かった。鎌倉時代初期の地頭は、幕府と荘園領主・国衙の両方から二重の支配を受ける厄介な立場でもあった。

新補率法と地頭の攻勢

こうした公武の力関係を大きく変えたのが一二二一年の「承久の乱」だった。日本史上初の天皇家と武家との正面対決だったが、倒幕を企てた後鳥羽上皇らの宮方軍に対し、北条政子の声明「故右大将家（頼朝）の恩を忘れるな」で決起した関東軍（トップは二代執権北条義時）はあっという間に勝利した。三人の上皇が配流され、「武家による全国支配が確立した」（山本七平著「日本人とは何か」）画期的事件だった。

乱後、幕府が没収した宮方（後鳥羽上皇派の貴族・武士も含む）の所領は全国で三千余か所だったといわれる。没収荘園の本家職や領家職はもとの保持者の縁故者に返還されたものの、これを機会に、勲功があった御家人を地頭として諸荘園に派遣した。これを「新補地頭《しんぽじとう》」といい（旧来の地頭は「本補地頭《ほんぽじとう》」という）、日本の国家権力は朝廷から武家側に大きく傾いた。

新補地頭の給分（得分）を決めた規定を新補率法といい、その内容は、

一・田畠十一町あたり一町を「地頭給田」とし、荘園領主・国司への年貢を免除する。

一・田畠一反あたり五升の米（これを「加徴米」という）の徴収権を与える。これは、先に説明した幕府の兵粮米とは別のものである。

一・山野河海《さんやかかい》の収益は地頭と領主・国司とで折半する。

一・地頭の検断によって逮捕された犯人の財産の三分の一は地頭のものとする。

この新補率法には、その土地の「先例」や「傍例（周辺地域の慣例）」がある場合はそれを優先するという但し書きが付いたものだったが、これをきっかけに、地頭はあらゆる荘務権に食い込んでいった。本補地頭が新補率法を兼帯することは当初禁じられたものの、あとはなし崩し的に権限を拡大していった。

荘園の荘官という意味では地頭も下司も同ランクではあるが、時が経つにつれて、地頭は荘園領主に命ぜられるままに働く下司職にとどまらず、幕府から「本領安堵」を受けた、つまり所領の管理・支配権（これを進止権《しんし》という）を認められた幕府の代理人として振る舞うようになる。それどころか勝手に年貢を対捍《たいかん》（＝こばむ）、抑留《よくりゅう》（＝抑えとどめる）したり、百姓に不当な公事を賦課したりと実力行使に及んだうえ、荘園領主の直轄領である公田や百姓名田を押領《おうりょう》していった。

こうした地頭の新儀非法《しんぎのひほう》（＝先例を破る行為）をめぐって本所側は相次いで幕府法廷（鎌倉）や六波羅探題（京都）に訴え出た。円宗寺領越中国石黒荘弘瀬郷の相論もその一つである。

次第に地頭の腕力に押し込まれた荘園領主は、年貢さえ納めてくれれば荘園の管理を全面的に地頭に任せる（これを地頭請所《じとううけしょ》という）とか、荘園の土地所有権を地頭と折半してしまう（これを下地中分《したじちゅうぶん》という）といった後退に次ぐ後退を重ね、室町・戦国時代に入っていくのである。

2　石黒荘弘瀬郷と藤原氏

石黒荘の成立と石黒一族

「石黒荘」は、越中の最も西側を加賀との国境沿いに北上する小矢部川の上流地域にあった。より詳しく言えば、小矢部川とその支流山田川との合流点付近より上流側の、両河川の両側に広がる平野部のほとんどすべての地域を占める広大な荘園だった（二六頁の「石黒荘想定図」参照のこと）。

立荘されたのは平安時代の後期にあたる承暦二年（一〇七八）、白河天皇の時代だった。

領主は、京都・御室「仁和寺」の南傍に父の後三条天皇が創建した天台宗寺院円宗寺だった。後三条天皇が御願寺円宗寺を領主（本家）とする荘園をつくって皇室の資金源にしようとしたのは前述した通り。その第一号が石黒荘だったとみられるが、天皇は生前譲位した直後に急逝したために、子の白河天皇が石黒荘立件荘号の手続きをとった。

では、この荘園がなぜ「石黒荘」と名付けられたのだろうか。それは荘園の中心地の地名が「石黒」であり、そこを本貫の地とする開発領主（在地領主）が「石黒」という名字（苗字）を名乗っていたからだと思われる。石黒氏のルーツについては諸説あるが、大きな流れでいえば以下の二説にまとめられる。

【利波臣《となみのおみ》説】

古代、大和朝廷は諸国を治めるのに国造《くにのみやつこ》を置いた。のちの律令制下における国司は中央から派遣されたが、国造はその地方の豪族から選ばれた。越中は伊弥頭国造《いみずのくにのみやつこ》が治めていたが、伊弥頭氏は兄弟で射水臣《いみずのおみ》と波利古臣《はりこのおみ》に分かれ、波利古臣の子孫である利波臣が小矢部川流域から砺波郡全体に勢力圏を広げていった。

利波臣一族は律令制下で代々砺波郡の郡司として国司に従った。この郡司時代に開発領主としての実力を蓄え、後三条天皇の時に王家の荘園の荘官の地位を得た。

【藤原利仁《ふじわらのとしひと》説】

藤原利仁とは平安時代の武将で、九一五年に鎮守府将軍になった。越前国敦賀の豪族藤原有仁の娘婿となり、その子孫が越前で斉藤氏、加賀で富樫氏や林氏、越中で石黒氏という豪族に成長した（当初越中では井口氏と名乗り、その嫡系が石黒氏となったという説もある）。後三条天皇の時に越中国司に実力を認められ、王家荘園の立荘に協力してその荘官となった。

以上の二説のうち、利波臣説のもとになった「越中石黒氏系図」によると、利波臣氏が初めて名字を「石黒」と名乗るようになった石黒光久（倶利伽羅峠の戦いで石黒党党首として活躍した石黒光弘の祖父）の代に、加賀の林氏の「猶子」になるという契約を結んでおり、ここで石黒氏と利仁系藤原氏がいわば合体した可能性がある。この時から「姓は藤原、名は石黒」と名乗ったのかもしれない。

いずれにしろ親子兄弟だけではなく、娘婿や嫁の実家、あるいは猶子や有力家臣なども含めた「擬制的親族」としての石黒一族が、武士団「石黒党」を構成して小矢部川流域を支配していたと考えられている。越中国の東端、現在の朝日町を中心に根を張った宮崎太郎を党首とする「宮崎党」とも深い関係にあったと伝えられる。

王家とのつながり

富山県の歴史に詳しい歴史学者久保尚文氏は、石黒荘が円宗寺の御願寺領に選定されるにあたって、当時の後三条天皇の蔵人（秘書）だった大江匡房や越中国司（越中守）だった豊原奉季らが協議して決めたであろうと推測している。利波臣・石黒一族の開墾地を中心に、古代の郡司時代に管理した土地などを合わせて「王家の荘園」として成立させたというわけだ。

荘園成立の一般論としても、「私領寄進を梃子とする立荘は、多くの場合、周辺の公領をとりこんだし、それには中央貴族側の積極的な動きも欠かせなかった。立荘は私領主との合作によってはじめて可能になった」（永原慶二著「荘園」）といわれている。

つまり、越中国石黒荘は①後三条天皇の近臣②越中国司および国衙の官人③石黒氏一族、という三者の協力で出来上がったと想像される。こうした経緯もあってか、石黒氏一族は常に皇室と近しい関係にあり、南北朝期に至るまで親宮方であった。

石黒荘の分割

この円宗寺領石黒荘がその後、左記のようなA、B、Cの三つの庄と十の郷に分割された。これは、弘長二年関東下知状の中で地頭の証言として明らかにされた事実である。立荘後どういう経緯をたどったかは不明であるが、久保尚文氏によると、後白河院時代に実質的な領主（領家）のもとに郷単位に再編されたのではないかという。荘園内は「荘―郷―村」で組織化され、戦国時代に入って年貢が一向一揆勢に奪われるころまで存続した。

〔石黒荘〕

Ａ　石黒上郷・中郷・下郷

B　山田郷・弘瀬郷

C　吉江郷・太海郷・院林郷、直海郷、大光寺郷

このうち、石黒三郷に関する史料は皆無といっていいが、その郷名が示す通り、石黒宗家の私領として管理されていた可能性がある。また、山田・弘瀬・太海・院林の四郷については室町時代に至るまでずっと円宗寺を本家としていた。「円宗寺は金堂・講堂・法華堂のほか常行堂、灌頂堂、経蔵や池などが配置された大伽藍を備えていた。毎年、法華会、最勝会という国家的な法会が催され、高い格式を誇った」（新谷尚紀監修『古寺に秘められた日本史の謎』）という。だが円宗寺は後三条天皇の影響力が薄れるとともに力を無くした（現在は跡形もない）。にもかかわらず、本家としての名が長く存続したのは、石黒荘が天皇家の御願寺領として立荘され、本家としての得分がずっと王家に渡っていたということなのであろう。ただし、分割後の領家（本所）は山田郷と弘瀬郷が仁和寺であり、太美郷と院林郷は醍醐寺であった。

弘瀬郷の藤原氏

では、弘瀬郷の荘官はどんな人物だったのか。

ややこしいことに、下知状の中では「石黒氏」ではなく「藤原氏」として登場する。前述した石黒氏のルーツとどういう関係になるのかわかっていないが、当時多くの武士たちは裁判などの公式の場では「源・平・藤・橘」姓で登場する。弘瀬郷の藤原氏も石黒党の一員であったが、法廷では名字でなく「藤原」姓を名乗ったと思われる。一三三三年の和与状に山本村一分地頭として登場する「藤原定頼」を以て、藤原氏の呼称はこの地から消える。

いずれにせよ弘長の相論では、三代目地頭「藤原定朝」を中心に、叔父とみられる「宗定」、弟の「時定」

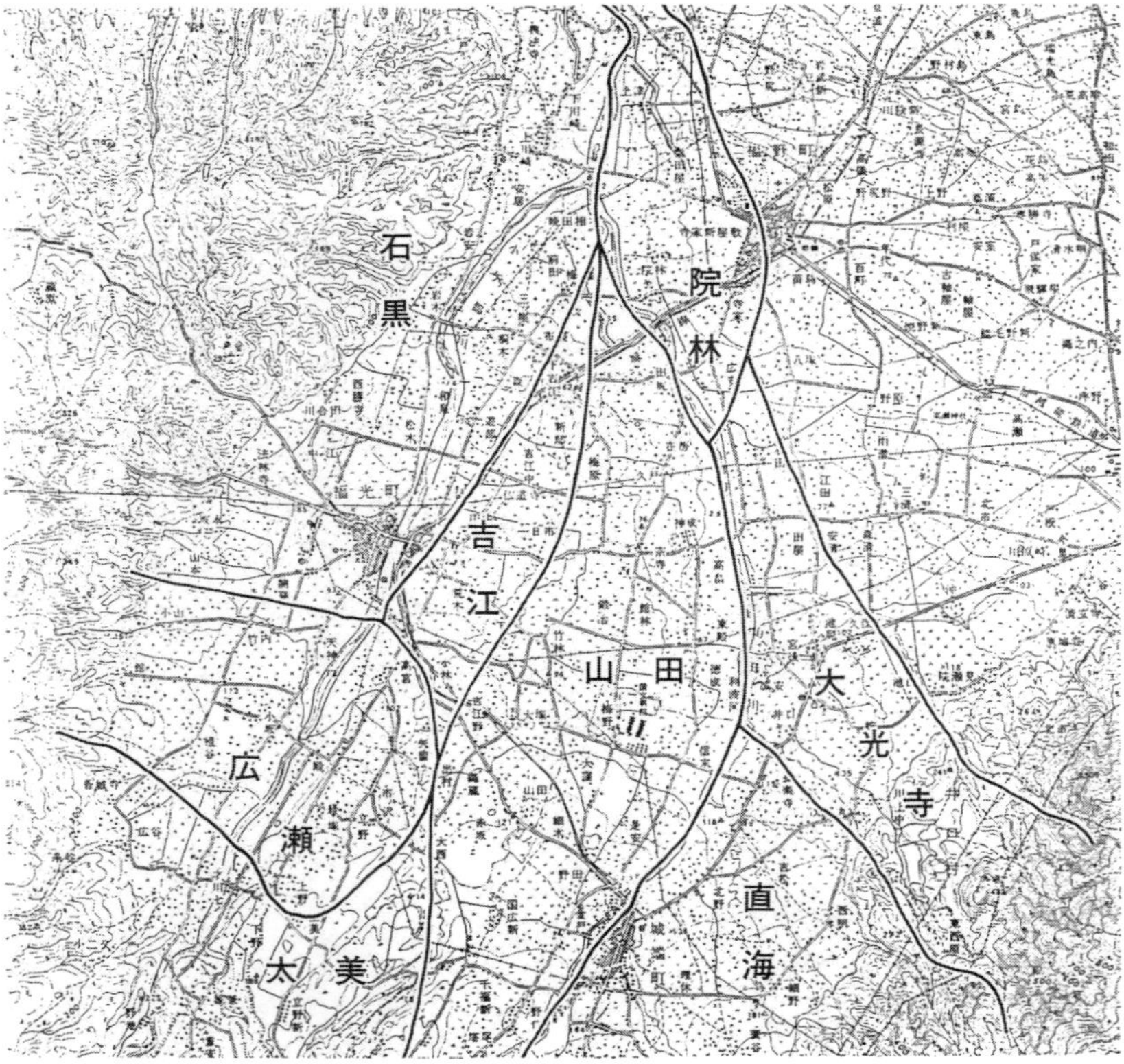

石黒荘想定図　『富山県史』通史編中世より転載

の三人が論人(被告)側だった。藤原氏側がこの裁判で真っ先に提出した具書(証拠文書)が次の二通である。

一・治承五年八月留守所の下文「以定直、可為弘瀬村下司職」

一・治承六年二月木曽左馬頭の下文「以定直、可為弘瀬村下司職」

定直とは定朝の祖父である。寿永二年(治承七年、一一八三)五月の倶利伽羅峠の戦いの前に、越中国衙(留守所)と木曽義仲(木曽左馬頭)から「弘瀬村の下司職とする」との同内容の下文《くだしぶみ》をもらっている。これは、越後に次いで越中の国衙を掌握した義仲が、定直の下司職を安堵することによって、北陸道を西上する義仲軍に合力せよとの要請であろう。ところが平家物語や源平盛衰記に出てくる倶利伽羅峠の合戦場面で、義仲軍に従軍したのは「石黒光弘」を大将とする石黒党の面々であり、「藤原」や「定直」はどこにも出てこない。定直は光弘と同時代の石黒党の一員だったことは間違いないのだが…。

源平が対立する中で、当時越中の知行国主は平氏とされ、国司(越中守)として平業家などの名がある。それなのになぜ留守所も義仲に味方するような下文を出したか。これについて久保尚文氏は「北陸道諸国の国主は平家一門であっても反主流派だった」とし、越中国衙はそれ以前と同様に後白河院近臣で占められていた、とみる。下文の日付の年号に朝廷が定めた「寿永」ではなく源氏が用いた「治承」を使っているのもそうした見方を裏付けるものとされる。いずれにしろ、ここで定直は源氏を代表する武将から弘瀬郷の下司であることを認められた。

初代地頭藤原定直

歴史学者大山喬平氏が弘長の裁許状を読んで作成した弘瀬郷藤原氏の系譜を二九頁に示す。これを見ながら説明しよう。

まず、一族で最初に地頭になったのが定直だ。越中国で、承久の乱が起きる前の時点で幕府から地頭職（本補地頭）を安堵されていたのは定直以外見当たらないという。しかし、定直が地頭の地位を得るまでには大変な努力と紆余曲折があった。弘長の相論では定直の身分について長々と争うが、相論に踏み込む前に、頼朝が越中を支配する経緯と定直が苦労した跡を概観してみよう。

頼朝は義仲を滅ぼした直後の寿永三年（一一八四）四月、北陸道を掌握すべく比企朝宗《ひきともむね》（＝頼朝の乳母である比企尼につながる一族）を「鎌倉殿勧農使」として若狭・越前・越中・越後に派遣した。ただし、朝廷から勧農使・国地頭の介入が荘務の混乱をきたしているとの抗議を受け、文治二年（一一八六）六月それを停止せざるを得なくなった。

公家方の反転攻勢を受けて、石黒荘や隣の高瀬荘にも武士勢力を押しのけようとする圧力がかかった。源氏から下司の安堵状をもらっていた弘瀬郷の定直も窮地に追い込まれ、建久三年（一一九二）領家に名簿《みょうぶ》を提出して恭順の意を表している。名簿とは官位・姓名を記した名札のことで、貴人に臣従を誓うしるしだった。この当時のことを、預所幸円は裁判の場で「定直は領家の房人だった」といっている。房とは小部屋という意味だから、「本所の一角に住まわせているさむらい」といったニュアンスがある。王家につながる京都の大寺院からすれば下司とは使用人以外の何者でもない。

だが頼朝は、国地頭を廃止したものの、代わりに「惣追捕使（守護）」という役職を残した。越中国守護は比企一族の大田朝季《ともすえ》に引き継がれ、定直はこの大田氏に食い込んで地頭の地位を狙った。ところが建仁三年（一二〇三）、鎌倉で起きた「比企の乱」によって比企能員を惣領とする一族が没落してしまい、定直は比企派と疑われ、再度窮地に陥った。今度は「私は弘瀬郷の下司（に過ぎない）」との起請文《きしょうもん》（＝神仏に誓約して文書にしたもの）」を領家に差し出し、かろうじて荘官（下司）の地位を保った。

粘る定直は、今度は比企氏に代わって越中国守護になった北条氏に再アタックをかけた。元久元年（一二〇四）の御教書によって、定直は晴れて幕府から「弘瀬郷地頭」を安堵されるのである。翌年、弘瀬郷の公文職も確保した。

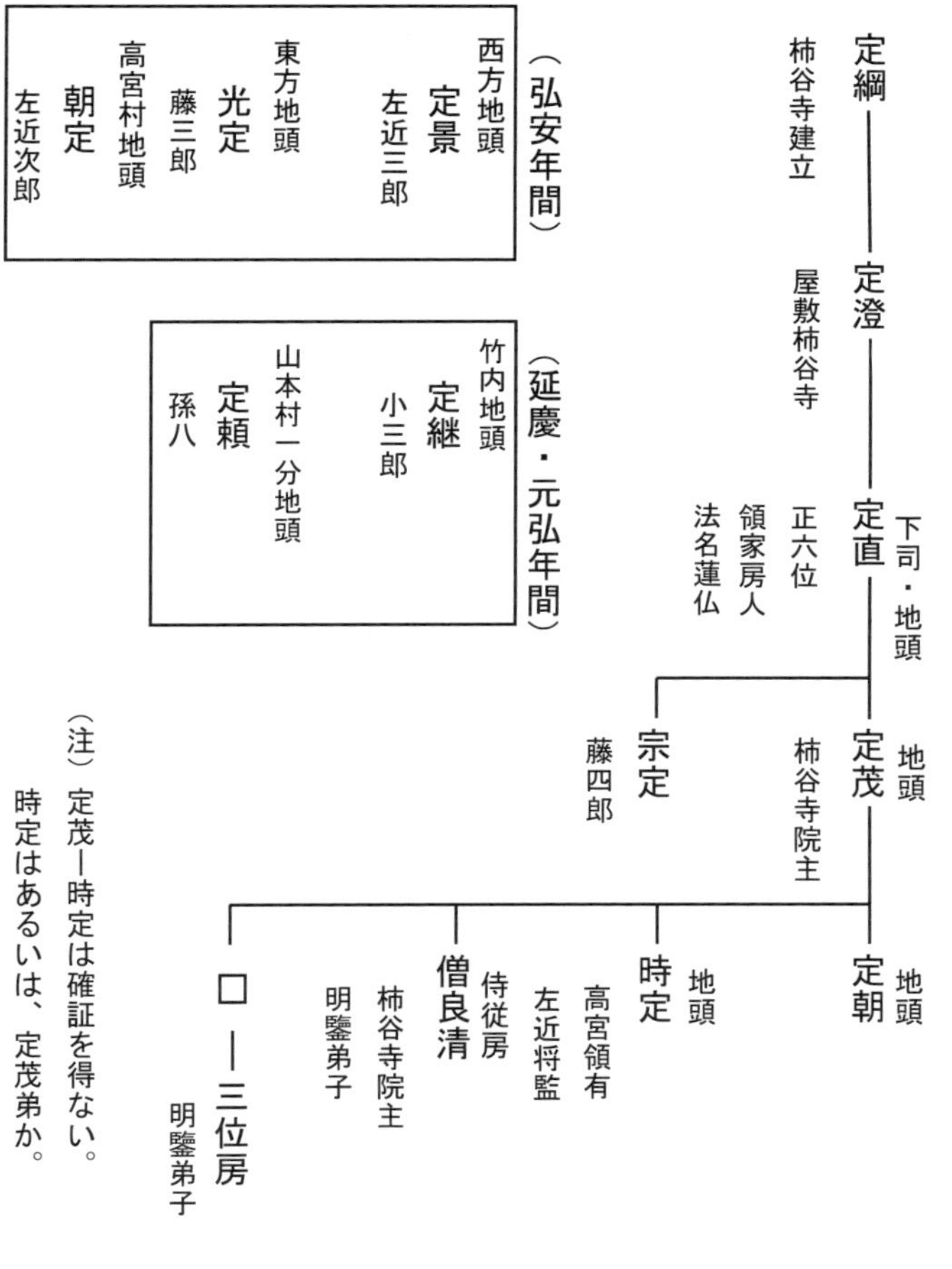

弘瀬郷藤原氏系図（大山喬平「本補安堵地頭と修験の市庭」による）

地頭職を世襲

だが、危機はまた訪れた。承久の乱である。王家の荘官を自認する石黒一族にとって難しい判断を迫られたが、後鳥羽上皇が立ったとなれば、付くのはやはり宮方だったようだ。ところが「承久記」によれば，執権北条義時の次男朝時が北陸道を西進してきたとき、「林次郎、石黒三郎……、弓をはづして関東へ参る。北陸道の在々・所々の京方一堪もせず、みな落ちにけり」。越中宮軍はなすすべなく降参してしまった。また、ある「石黒系図」によると、石黒三郎光泰は光弘の二男とされ、「吾妻鏡」には「承久三年六月八日、承久の乱に京方に味方した石黒三郎以下在国の類相具して合戦す。加賀国の住人林次郎とともに北条氏の軍に降人となる」と記されている。

面白いのは、この戦のどの時点を指しているのか分からないが、弘長の裁判の中で預所幸円が「藤原定朝は京方に付いた」と訴えている。当時の藤原氏の惣領は定朝の祖父定直から父定茂への移行期にあたる。藤原一族も乱の当初は京方で参戦したと考えられるが、その当時のことを指摘しているのだろうか。というのは、承久の乱で京方に与した者は幕府から「謀叛」とみなされたからだ。

ところが弘長の相論ではそのことは問題とはされず、乱直後の承久三年（一二二一）の六月と八月、越中守護になった北条（名越）朝時によって藤原氏の所領は安堵された。むしろ承久の乱を境に藤原氏一族の地頭職は一段と強化された。

そして弘長の相論の当事者である三代目地頭定朝が地頭・公文の地位を正式に認められたのは建長二年（一二五〇）だった。それ以降、代々藤原氏が弘瀬郷地頭職を相続していくことになる。

幕府の後ろ盾で力を付けた地頭は年貢や公事の納入を対捍、抑留する。あるいは百姓名田に入り込んで作稲や名田そのものを掠《かす》め取るなど、領家の領域を次々と侵していった。領家は地頭の新儀非法を訴えた。弘長の相論は、三代目地頭定朝の時に起こった。

この相論の訴人（原告）だった預所「幸円」は、当時の領家・仁和寺菩提院の行遍僧正が弘瀬郷に派遣した剛腕の僧だったとみられる。預所は京都にいる場合と在荘する場合があったようだが、鎌倉時代、多くの荘園で預所が現地を行き来して訴訟の当事者になった（その場合は雑掌《ざっしょう》と呼ばれた）。弘長の相論が発生した時の弘瀬郷の荘園領主は、本家（円宗寺）―領家（仁和寺菩提院）―預所・雑掌（幸円）という布陣だった。

分割相続と柿谷寺の争奪戦

さて、藤原一族の系図に立ち戻って、注目すべき点を二つ指摘する。

第一点は、弘瀬郷の地頭の人数が時代を経るたびに増えていくことだ。鎌倉時代の武家社会では女を含む分割相続が一般的だった。子が増えるにつれ所領は分割されていくが、主要部分を継承した一族の惣領が家子《いえのこ》郎党を従えて武士団を形成して所領全体を経営した。武士団の組織内部は、惣領を嫡子として、その下に庶子→一族・家子→郎党→所従→下人といったランキングになっていたとされる。

弘瀬郷の場合、藤原一族の所領はまず「西方《にしかた》」「東方《ひがしかた》」「高宮村」の三か所に分かれ、その後「竹内村」や「山本村」にも分割され、それぞれの地域に一族の地頭や代官が配された。系図は分割相続のあとを物語るものでもある。

第二点は、藤原一族の初代惣領定綱のことだ。孫の定直が倶利伽羅の合戦で活躍した石黒光弘と同時代の人物だったとすると、光弘の祖父石黒光久と同年代の人になる（「越中石黒系図」による）。同系図では光久の代に利波臣氏から石黒氏に改名し、かつ藤原利仁系林氏の猶子となることによって藤原氏とも称するようになった。ということは、ほぼ同時代に石黒光久が石黒荘石黒郷にいて、隣の弘瀬郷に藤原定綱がいたことになるのだろうか。これは大きな探究課題である。

注目すべきは、定朝が「初代藤原定綱が建てた氏寺」と主張する「柿谷寺」をめぐって藤原一族と預所が何代にもわたって争奪戦を繰り広げたことだ。そのことが系図にあらわれている。柿谷寺とは中世の弘瀬郷の中心寺院であり、医王山麓の舘《たち》村にあった。舘には現在神明社があるが、そこととほぼ同じ場所にあったとみられている。同寺の脇を流れ、弘瀬郷西方の田地を潤した明神川の管理拠点でもあった。

これに対して幸円は「柿谷寺は白山を開いた泰澄が建立した古い寺である。医王山（藤峯）末寺として山伏の一宿でもあった。院主職もかつては領家が進止してきた」と反論した。

両者の本拠地をめぐる戦いは延々と続いた。弘安元年（一二七八）の和与状によれば、一時地頭が押さえていた柿谷寺はのち領家側に渡され、領家の政所も置かれていたが、その後地頭側が再度奪い返した。

3　弘瀬郷の土地構成

検注

弘瀬郷という荘園はどのような土地で構成されていたのだろうか。

これを知る手掛かりのひとつが「検注帳《けんちゅう》」である。検注とは荘園領主や国司が租税（年貢）徴収のために、土地の面積を測量し、耕地の所在およびその耕作者を確定する作業のことだ。先に荘園領主の荘務権の一つとして「検田権」があると説明したが、それと同じ意味である。検注の結果を集計して取りまとめたものを検注帳といい、「取帳」「実検帳」「丸帳」ともいった。取帳をもとに作成した「検注目録」と合せて、荘園領主が土地と人を支配するための基本台帳とした。

検注について日本大百科全書（ニッポニカ）には、概ね次のような説明がなされている。長文だが、やや複雑な問題なので詳しく紹介する。

「中世の土地調査のこと。田畠のみならず、在家、漆・桑・栗などの調査をもいう。公領では国司、荘園では荘園領主が実施する。正式な検注は国司や荘園領主の代替りごとに行われるのが常で、正検、大検注などとよばれる。検注使が農民の立会いのもとで一区画ごとに地目、面積、年貢負担者名を確定し、これを書き上げた検注取帳を作成する。取帳を基に寺社や役人などへの給与分を決め、年貢の賦課対象となる面積を確定した検注目録を作成する。この取帳・目録は、土地領有権を証明するものとして保管され、次の正検まで訂正することは許されなかった。他方、自然災害により年貢量を変更せざるをえないような場合など、限られた目的のために行われる調査は内検《ないけん》とよばれ、しばしば実施された。内検はその時々の臨時調査であり、正検によって確認された権利関係を変えるものではない。土地測量の方法は、国ごと荘園ごとにまちまちで、杖や縄を用いたり、歩幅で測ったり、目算による場合もあった。いずれにしろ実測することはまれで、居合《いあい》検注といって、帳簿上の操作だけですますことが多かった。」

この説明書き通り、検注は領主の核心的権限であり、収益を保証するものである。そのため領主は検注を何度もやろうとした。一方、荘官の立場からみれば、自分が下司だった時代はそれに従えばいいが、地頭になると事情が異なる。武力を背景に実質的に領主権限を侵略しつつある地頭としては検注ができるだけ実施されないよう抵抗した。

しかし、弘瀬郷においては王家の荘園であったためか、領家の力が比較的強く、何度か検注が行われていた。弘長の下知状に出てくるだけで次の四回が知られる。検注年度・検注帳簿名（カッコ内）・検注担当者は次の通りである。

①治承年間（一一七七～一一八一）・検注帳簿名と担当者名は不明。
②建久九年（一一九八）・「実検帳」・実検使有兼上座
③承久二年（一二二〇）・「名丸」・預所弁継
④宝治二年（一二四八）・「取帳」「検注目録」「名寄」・預所重禅

弘長の下知状の文面では、帳簿名は実検帳、取帳、目録、名丸などと異なる名前で出てくる。それぞれ記帳形式が異なっていて、例えば「名丸」「名寄帳」といった場合は名請人ごとに田地や年貢を記帳した帳簿であり、検注帳（取帳）や検注目録は土地を基準とした記帳形式だったと思われる。また四回とも検注といっているが、実検使が行った②が正検で、あとは臨時の内検だった可能性が高い。

実施時期も微妙で、②までは初代地頭藤原定直がまだ下司の時であり、③は承久の乱の直前で、二代目地頭定茂はまだ地頭とは認められていない。④の時は定茂が幕府から地頭職を安堵されていたが、三代目地頭定朝が地頭と確認できるのは翌々年のことだ。

宝治二年内検帳

「円宗寺領石黒荘弘瀬郷内検帳」なるものが仁和寺に残されている。宝治二年（一二四八）十一月に領家である仁和寺に注進（上申）されたものだ。裏書に「広瀬郷　宝治検注目六（目録）」と書かれている。内容は左記の通りで、同年実施された「検注」をもとに預所が「目録」としてまとめ、領家に報告したものと思われる。（丁は町、段は反とした。A、B、①、②などは筆者が記入。カッコ内は虫食いだが、推定できる数字や文字を書き入れた）

一．見作田　四十一町二反五十歩

A．除田　十九町四反

①神田　五町七反

〈神田内訳〉

若宮二町　梅宮一町□

湯沸宮一町　天満七反

高宮三反　小白山□

②人給田　五町九反

〈人給田内訳〉

京下使二町　千手丸二町

地頭一町　公文六反

六呂師一反半　紙免一反半

③御内免　四町七反

④領家御佃　三町一反

B．定田　二十一町八反

一．新田　四町四反九十歩

一．勧農田　五町八反小四十歩

見作田（除田と定田）

この内検帳の中をみていこう。

一．見作田《げんさくでん》

見作田とは　現に耕作している田地のこと。荘園・公領の土地構成の基本となった。弘瀬郷では四十一町余りあった。除田と定田に分類されており、除田の比率が四七％と半分近くを占めている点が注目される。

除田《じょでん》は荘園経営に必要な経費を捻出するための田地であり、年貢や公事などの納付義務が免除され、荘園領主の収入にならない田地である。

A．除田

①神田《しんでん》

除田のうち神田は、神社・寺院の修理費や社司の俸禄に宛てるための田地。二町の神田を持つ「若宮」は、現在の舘の神明社の場所にあった中世の「柿谷寺」にかかわる神社とみられている。また、「天満」は今の天神にある天神社、「高宮」は今の高宮の比賣神社のことと推定され、弘長の相論によって両社に付帯して市（市庭）が開設されていたことが明らかになっている。他の三つの神社については現在地を比定できるような社殿が残っていない（五七頁の写真参照）。

②人給田《にんきゅうでん》

人給田とは、荘官や手工業者などに職務の代償として給与された田地のこと。年貢・公事など一切の収取権が彼らに与えられた。「京下使」（京都から現地に下向してきた領主の使い）、「千手丸」（明神川沿いにあった千手堂周辺地）とは、預所およびその関係者への報酬・給与になった田地とみられる。「地頭」「公文」とあるのは、文字通り地頭兼公文である藤原氏の報酬地である。また、「六呂師」は轆轤《ろくろ》を使った木工品の手工業者、「紙免」とは紙製品の加工職人に与えられた年貢・公事等の免除地のこととみられ、それぞれ一反半ずつある。

永原慶二著「荘園」によると、手工業者・職人になぜ除田(免田)が与えられるのかについては古い歴史がある。律令制の時代には、高級な技術を必要とする手工業製品は大蔵省、兵部省、宮内省といった中央政治機構に直属する官営工場で働く職人たちが、都の周辺の農村に住んで生産していた。律令制の解体に伴ってこうした手工業者はそれぞれの役所の長官の家とか、荘園領主や寺社に直属していった。そしてはじめは主家の必要物資をつくっていたが、やがて他者の需要にも応ずる商品生産者となり「職人座」を形成していった、といわれる。

弘瀬郷では椀や盆などをつくる轆轤師と紙漉き職人を抱えていたようだが、土器、鉄製品(鍛冶、鋳物)、皮製品や、番匠(大工)、紺掻(藍染師)、経師(表具職人)などに至るまで、多様な職人があちこちの荘園・公領で雇われ、やがて他所の荘園や国衙領を移動しながら生産・販売活動を行うようになっていった。

③御内免

人給田の次に記載されているが、意味は不明。

④領家 佃《つくだ》

領家の佃というのは領家の直営地のこと。収益の全部を領主のものにした。

②と④によって、弘瀬郷では領家が三町一反、預所が四町、地頭・公文が一町六反の直営地(年間報酬地＝年貢・公事なし)をそれぞれ持っていたことになる。

B. 定田《じょうでん》

見作田のうち定田とは、年貢・公事などの賦課対象とされる田地のこと。いわば領主の収益源である。「公田」ともいわれる。耕作を請負った百姓たちがそれぞれ自分の好きな名を付けた「〇〇名田」という単位に区分されていたと思われる。この名田と名主についても、地頭と預所が奪い合うことになる。次の第4項で詳述する。

新田と勧農田

一・新田《しんでん》
一・勧農田《かんのうでん》

宝治の内検帳には見作田以外は新田と勧農田が登記されている。このうち新田とは文字通り荒野などを開墾して新たに拓いた田地のこと。検注の度に新規登録され、一定期間を経て年貢・公事が徴収された。宝治内検帳にある四町四反九十歩は、「治承・建久の両度の検注以降に定直が荒野を開発したもの」と定朝が陳述している。であれば、見作田の四十一町二段五十歩はそれ以前から存在していたことになる。

この新田の領有をめぐって幸円と定朝らは激しくぶつかった。詳細は判決文によるが、新田をどう扱うかは東国と西国とで大きな差があった。定朝は「頼朝が将軍の時代に、新田はそれを開発した地頭のものであると諸国に命じた」と主張。実際、東国の荘園では新田があっても領家はこれを検注できず、新田はすべて地頭のものとする原則が常態化していたようだ。しかし、定朝は頼朝が下したとされる下知状ないし下文を所持していなかったため、弘長の相論では定朝の主張が退けられた。西国では文治二年に朝廷側の反対によって国地頭が停廃されて以来、領家側の権限が一部回復しており、弘瀬郷では西国の「傍例」が適用され、新田は領家のものと裁定された。

勧農田とは一度放棄された土地を再開発した田地のこと。勧農という言葉自体は、農業を勧めるという意味である。耕地を増やして増収・増税をはかることは国家の重要な政策であり、荘園領主に任された荘務権に含まれていた。春先になると、潅漑施設を整備し、年貢高と田地の耕作者を決めて、種子・農料を支出する。この勧農の行為は、下地（土地そのもの）に対する進止権（支配権）の裏付けでもあり、弘長の相論ではその進止権を地頭が奪おうとした。

勧農田に対する幕府の判決は「平民の土地で、逃亡、死亡、不作、損亡などが出た跡地は、浪人を招いて、預所と地頭が共に沙汰せよ」と、どちらに進止権があるのかわからない曖昧な判断が示された。鎌倉時代以前であれば領主のものであったと思われるが、地頭寄りの見解が示されたのは、幕府裁判たる所以だろうか。

弘瀬郷の田地面積

宝治の内検帳に記載された田地のうち屋敷地などを除けばそのほとんどが水田とみられる。見作田、新田、勧農田を合わせた五十一町四反三百歩は既墾地であり、現に耕作している田地を見作田というのであれば、すべてが見作田ということになる。ただ、荘園全体を見渡せば、未墾地（山林や荒地）もあり、既墾地の中にも「不作田」（耕作していない田）や畠があり、もともと耕作できない川、道、潅漑施設地などもある。

このうち不作田がどのくらい存在したかについて「医王は語る」（福光町医王山文化調査委員会編纂）では次のように推定している。

後年、弘瀬郷内竹内村の「吉五方」と名付けられた場所に、地頭藤原氏に領有が認められた「重松名」と称する田地があり、そこの実検目録が残っている（第三章3項参照）。この実検目録によると、総田数二町七反百二十歩のうち、見作田は一町四反二百四十歩で、不作田が一町二反二百四十歩もあった。不作田の見作田に対する比率が四六％も占める。また、弘長の下知状の中で「大萱生」と称された名田（第二章8項判

福光橋
福光駅
福光
福光新町
荒木
豊栄橋
城端線
三協立
小林
天神社
(中世の天満社)
天神
高宮
吉江野
高宮村
比売神社
(中世の高宮)
殿

250
坂本
124.6
197
200
山本
西方
101
明神川
小山
112
151.4
南砺市
神明社
（中世の柿谷寺）
竹内
150
千手堂跡
館《たち》
妙敬寺
（中世の地頭屋敷跡か？）
東方
160
130
113
祖谷
129
166

決13を参照）では、合計三反のうち見作田が二反と記述されている。不作田比率は三三％である。

この記録を基に「医王は語る」では、「かりに重松名吉五方の比率を適用すれば（五十一町四反三百歩÷〇・五四）、弘瀬郷の不作田を含む総田数が『百町弱』存在していたとみても、領家（寺家政所）の書上げと矛盾するものではない」としている。百町という規模は、弘瀬郷全域の総面積が約七百五十町なのだから、決して高い比率とはいえない。傾斜地が多く、連続的な耕地の分布状態ではなかったとみられる。

こうした地形的な制約もあってか、弘瀬郷には条里制が敷かれていた遺構・痕跡はない。従って、検注時の測量も条里単位ではなく名単位で行われていたとみられる。

なお、山田・弘瀬郷の総田地面積は、康和元年（一〇九九）の時点で三百三十七町余であったことが弘長の相論で明らかにされた。

十三世紀弘瀬郷の景観

こうした十三世紀ごろの弘瀬郷の景観を「西方」「東方」「高宮村」に分けて想像してみよう。嫡子の定朝が藤原氏惣領として三代目地頭だった時、本人は西方を拠点とし、庶子の宗定と時定がそれぞれ東方と高宮の地頭だったと想定される。

【西方】

医王山麓の舘、小山、山本および明神川を越えた竹内、天神に及ぶ「西方」は、同郷で最も古くから開墾された中心的な地域であった。舘・小山・山本はそれぞれ槍の先川、加賀谷川、境谷川の小谷と山麓の小規模な急傾斜扇状地に対応しており、用水の確保が容易であった。舘の山麓には預所と地頭が争った柿谷寺があり、東端には千手堂があったとみられる。館付近は西方ならびに郷全体の拠点であったと考えてよいであろう。竹内・天神は明神川からの取水・漑が十分ではなかったため、増水期に「河成《かわなり》」（＝洪水で耕作できなくなった田）が生じていたとみられる。だが、開発は徐々に進んでおり、天神には天満社とその神田七反が存在し、市も開設されていた。

【東方】

東方に属したと考えられる現在の小坂・祖谷付近は明神川と小矢部川とにはさまれた洪積台地上にあり、湧水地などに散在する田地を除けば、医王山からの水流を用水として利用できない地域であった。弘安元年（一二七八）の「東方和与状」（第三章1項参照）によると、「御田居野畠」「阿土野内畠」なる野畠が存在しており、後年、小矢部川から直接取水した「小坂用水」の完成を待って開けていった。

【高宮村】

高宮村は小矢部川の東岸の洪積台地に位置し、さらに東方の高位の台地から流れる小流を用水源としていた。弘長の下知状では高宮地区の「新田」「新畠」が相論の対象になっており、当時はこの地域が弘瀬郷の開発前線になっていたとみられる。ただし、三反ではあったが高宮社の神田があり、市場が機能していた。

4　名田の運営と荘民の負担

名田と名主

荘園領主の最大の収入源は年貢・公事の両方を徴収できる「定田＝公田」であった。公田とは荘園・公領で土地台帳に登録された田地のことで、中世の荘園（主に西国）では名田《みょうでん》という単位に分けられて運営されていた。この言葉の裏には、公田でない定田（＝非公田）いわゆる隠田《おんでん》が存在したことを意味しているが、ここではその議論はしない。

前述したように、名田の起源は公地公民制が崩れて公民に給田できなくなった時に、田堵と呼ばれる農民に一年ごとの契約で請作《うけさく》をさせたことに始まる。その請作地を「名」といった。その後の荘園公領制のもとで、有力な田堵が「名主」に成長した。名主は請負った耕作地に自分の名前や縁起のいい好字を使ってそれぞれ「〇〇名《みょう》」と名付けた。同一名が一か所に固まるのではなく、一反〜数反単位で何か所かに分散されていたようだ。

名田が名主に対してどのように配分されたかは、地域により、個々の荘園によって異なるが、西国では一名主当たり一、二町程度にほぼ平等に配分される場合が多かったようだ。

荘園内の人的構成を単純な図式を描けば、

領主 ── 荘官・地頭 ── 名主 ── 作人 ── 下作人

のようになる。名主は「平民百姓」「本百姓」といわれる農民で、名田は「百姓名田」といわれた。小規模名田は家族労働でまかなえたとしても、規模が大きくなれば「下人」「所従」と呼ぶ奴隷的労働者を抱え、耕地の一部を「作人《さくにん》」と呼ぶ農民に貸与して耕作させる名主もいた。

つまり、農民にもいくつかの階層があり、最も有力な名主は「乙名《おとな》」「古老」と呼ばれ、在地の慣習法的秩序を代表する人物でもあった。幕府裁判でも「彼らにこれまでのしきたりをよく聞いて沙汰せよ」とする裁決があった。また、「脇百姓」「小百姓」といって、百姓身分でありながら名主と作人の中間的存在のような人たちもいた。名主─作人─下作人といった耕作民の系列が必ずしも階級関係を表わすのではなく、百姓名田Aの名主が百姓名田Bの作人といったケースも珍しくなかったとされる。

西国と東国

こうした定田・名田のありかたは西国と東国とで大きな差があった。網野善彦氏の見方によれば、「西国の荘・保などの内部では、いくつかの均等な一、二町から成る百姓名が成立していた。それが年貢・公事の負担単位になっていた。しかし東国の郡・郷などの内部は基本的に在家――百姓の家屋――によって構成され、『在家一宇、田一町』のような形を取っていた」という。つまり「西国では（一つの荘園に）一、二町から数町の田畠を請け負いうるだけの安定した力を持つ百姓が数人から数十人いたことを示している。……一方、東国の荘園は、実質的に領主＝御家人であり、郡や郷単位の広さで管理されていた。領主は館を構え、周囲に自分が直接農業経営を行う手作りの田畠を持っていた。下人・所従は館の中あるいは周辺に住み、その田畠の耕作を行っていた。在家に住む郷の百姓たちは下人・所従のような不自由民ではなく、自由民＝平民であったが、自ら責任を持って請作・管理する特定の田畠＝百姓名を保持していないのが普通で、領主の割り当てる田畠を耕作していた」（網野善彦著『東と西の語る日本の歴史』）。

地頭名と預所名

預所・地頭も報酬として与えられた給田（直轄地）以外に、預所名・地頭名という名田を持っていた。弘瀬郷の預所名は「安丸名」、「石丸名」などと名付けられ、荘内各地に散在していたようだ。

地頭名には、年貢だけ納めれば公事（雑公事と夫役）が免除されるという特別な権限が与えられていた。弘瀬郷では「重松名」と名付けられ、地頭が下地進止権を持つ「所領」と認識されていた。

弘長の相論では、重松名について激しいやり取りがあった。というのは、宝治二年に預所と地頭の両者が立ち会って検注を行った際、幸円側が所持する検注帳と地頭が書き入れた検注帳では重松名田数が異なっていたからだ。定朝は「重松名は十三町である。すでに承久の名丸にそう書いてある。宝治の検注の際は、重松名であることが自明だったので、わざわざ重松とは書かずに、作人の名前だけ記入しておいた」と主張した。本来は両者が検注帳の「読み合わせ」を行ったうえで「目録」をつくるのだが、この目録作成の過程でも一揉めして、相論に持ち込まれた。結局裁判では「重松名十三町」と認められたが、先に紹介した宝治二年内検帳は、預所が自分の取帳をもとに「目録」をつくり、京都の領家（仁和寺）に送ったものらしく、重松名がすべて記載されていたかどうかはわからない。

年貢の種類

次に、中世荘園の荘民に課されていた負担にはどんなものがあったのだろうか。荘民は米だけを納めていたわけではない。これまで何度となく荘民への賦課＝年貢と公事、という表現を使ってきたが、それは具体的には何だったのだろうか。

律令制下で「租・調・庸・雑徭・出挙」と呼ばれていた諸負担についてご存知の方は多いであろう。これが中世には一般に「年貢」「公事」といわれ、公事は「雑公事《ぞうくじ》」と「夫役《ぶやく》」に分けられた。

「中世の年貢はもっぱら米と考えられてきたが、それは全くの誤りであった」――このことを強調したのが網野善彦氏だった。同氏によると「絹・布などの繊維製品をはじめ、金・鉄などの鉱産物、さらに合子や瓦、炭、薪、油などの加工品、牛・馬などの家畜までが年貢となっていくのである。ただそれが水田に賦課される形で徴収されたために、従来、なんとなく米と考えられてきた」。材木、紙、漆、塩、海産物など地方の特産物など多種多様な年貢があったという。

もちろん米は主要な年貢であり、西国諸国の年貢の中心は米であった。弘瀬郷もそうだったと考えられる。

米の年貢は「荘園の慣習や伝統によってまちまちだったが、一反当たり三斗〜五斗前後が平均だった」（永原慶二著「荘園」）といわれる。この反当たりの米の年貢高を「斗代《とだい》」というが、弘瀬郷では延慶四年の「重松名」における斗代は五斗三升二合余であった（第三章3項参照のこと）。

またこの時の「重松名」では、米のほか「御服綿」と「布代」も年貢として納めていた。綿《わた》とは今の木綿の綿ではなく、蚕の繭から作られた絹の真綿のことで、布とは麻布のことであろう。御服綿は田五反につき一両、布代は田一反につき十文余とされ、代銭納であった。

年貢は、その土地の所出物として領主に上納された、という意味で米は「所当《しょとう》」ともいわれた。弘長の下知状の中で明らかに弘瀬郷の年貢と判断できるのは「米、御服綿、布」の三つだった。

雑公事

年貢を除いたすべての租税のことを公事《くじ》といい、そのうち農産物や農産物加工品のことを雑公事《ぞうくじ》といった。安倍猛著「日本の荘園」によると、次の三種に大別されるという。

①耕地からの副産物＝わら、糠など。
②菜園・山林の産物＝薪、馬草、漆、麻、大豆、胡麻、栗、柿、梨、椎、くるみ、芋、ごぼう、鳥、魚、貝など。
③加工品＝綿、糸、布、絹、畳、むしろ、桶、餅、酒、炭、油、紙など。

雑公事のもう一つの定義は「臨時的に課せられた賦課」である。年貢が田の面積に応じた所得税的な年間賦課であるのに対して、季節の行事に必要なものや、領主が自家消費するために宛てられた種々雑多な物産・物品があった。

弘瀬郷ではまず漆があった。幸円は「漆掻きは預所の下人の仕事であるのに、地頭が掻き取っていく」といい、定朝は「地頭と預所双方の役人がやるべき仕事だ」と対立した。

同下知状の中で一カ所だけ畠の作物について対決している場面がある。高宮村でのことだが、定朝はここで「大豆、小豆、麻、苧《からむし》、白苧《しらそ》、桑」を作毛（作付け）していると述べている。

弘瀬郷でこうした漆掻きや畠作が行われていたことはこれによって明らかだが、年貢として納めていたのか雑公事として扱われていたかは分からない。

当時は、元旦、端午、七夕、重陽など、節句に因んだ行事が行われており、餅、ちまき、そうめん、茄子、瓜、薪など多種多様な貢納品を用意しなければならなかった。

夫役

荘民に課された公事のうち、労働力にあたる部分を夫役《ぶやく》といった。

まず領家の佃や預所の名田を耕作する労働力を提供させられた。また領主の諸施設の宿直役や門兵士などの警備労働、さらには「京上夫《きょうのぼりぶ》」といった交通運搬労働も課せられた。京上夫というのは京都の荘園領主まで年貢その他を運搬し，京都での雑役に従事した者をいう。逆に、京から下向してきた領主・荘官を接待しなければならなかった。「方違え」（後述）の費用も課せられた。

川を往来する船に課した「河手」と呼ぶ通行税や、山中や陸路に関所を設けて通行人から徴収する「山手」と呼ぶ税もあった。河手の場合、本来は渡し場の施設維持やそこで働く人夫のための経費として徴収されていたが、後には関銭や津料などと同様に得分化したものである。

荘民にとって生身を削る労働はとても重い負担であり、米や銭で代納することを望んだ者が多かったといわれる。

荘民の得分

百姓（名主・作人）といわれた人たちの得分（収入）はいかほどのものだったであろうか。

鎌倉時代の稲の収穫量は上田《じょうでん》といわれる地質の良い田で、しかも出来の良い年で反当たり一石二～三斗くらいだったといわれる（今の一反は三百歩だが当時は三百六十歩。枡の大きさも各地まちまちだった）。これに対する米の年貢は平均で一反当たり三斗～五斗前後だったとみられる。

ある研究によると、田地からの収穫高を荘園領主―名主―作人―下作人の四者で分配したとすると、名主の中間搾取分（得分を「加地子」という）が最も多く、次いで作人の中間搾取分（得分を「内加地子」などといった）、最上位の領主の得分（年貢）は最も少なかったようだ。そして上位三職による得分の合計が全収穫の六〇～八〇％を占めたという。直接耕作者は下作人だけだったわけではなく、名主や作人が加わったこともあったが、実際の耕作者の取分はわずかしか残らず、負担は過重だったというべきであろう。もちろん、地頭の取り分である反当り五升の「加徴米」も賦課されていたはずだが、これは具体的には誰が納めていたのだろうか。

荘民にとっては、この年貢にプラスして諸々の雑公事・夫役が重なってくる。苦しい生活を強いられたのは間違いないが、荘民は田んぼだけ耕していた訳ではない。畠、そして山野河海からの収入があったと考えられる。もちろんこれとて領主や地頭に搾取されていたのではあるが。

弘瀬郷の弘安元年（一二七八）の「東方和与状」（第三章参照）によると、弘瀬郷東方に「御田居野畠」「阿土野内畠」なる野畠が存在していた。山林や畠の進止権についても領家と地頭の争いがあった。

古い時代、山野河海は「無主地」とされ、「特定の領主あるいは年貢負担者の定まらない土地であり、公私共利の地」であった。ところが、十一世紀半ば以降は荘園の構成要素としてしっかり把握されることになった。貞応二年（一二二三年）に山野河海の得分は領家と地頭の折半にする、との幕府法（新補率法）が導入され、荘園への編入がさらに進んだ。ただし、全く未開発の山野河海部分は荘民の伐木・採草・放牧などが黙認されていたようで、荘民にとっては貴重な収益源だったとみられる。

それでも困窮者は続出した。戸籍地以外に流れる「浪人」が少なくなかった。幕府判決の中で「浪人を招き据え…」という表現が少なくない。流亡農家や洪水による不作田を勧農するのに浪人の存在が前提であるような社会構造になっていたようだ。

5　地頭の押領と荘園の変質

地頭と下司の差

地頭とはそもそも何であったか。「現地」を意味する言葉で、平氏の政権期以前から存在したといわれるが、頼朝が地頭の人事権を朝廷から正式に認められた。

それ以前の荘園は、本家―領家―預所（以上が中央領主）―下司・公文（在地領主）という「職の体系」に基づいて運営されていた。最高の人事権は朝廷にあり、中央にいる領主が下司を補任した。地頭はその下司にとって代わるものだが、地頭の補任・解任権は幕府だけが持っていた。いわば職の体系に幕府が食い込んだ具体的・象徴的な存在だった。承久の乱の直接的なきっかけは、全国の王家の荘園を独り占めにした後鳥羽上皇が、意のままにならぬ地頭の年貢未納に腹を立てたことだったといわれる。

在地豪族だった弘瀬郷の藤原氏一族は、鎌倉幕府から御家人・地頭を補任され、下司から地頭に成り上がった。実際には一気に下司↓地頭と切り替わったわけではなく、幕府と領家に同時に仕え、かなりの長期間、下司かつ地頭という身分で過ごしていたと思われる。

だが、下司と地頭とでは自ずと権限が違った。地頭となって給田（報酬としての人給田）や給名（地頭名）が与えられ、加徴米という収入も得られることになった。しかもそれらの権限や業務は幕府から負託されたものである。御家人役（鎌倉殿に対する奉公＝主に軍役奉仕）が課せられたとしても、下司時代と異なり、何から何まで預所の言うことを聞かなくても済むようになった。「先祖代々一族が開発してきた土地を我が物にしたい」——地頭の本能が刺激された。

新儀非法

鎌倉時代の裁判ではよく「新儀非法《しんぎのひほう》」という言葉がつかわれた。地頭が新儀非法を犯したと、領主は幕府に訴えたのである。武家政権が違法者・反逆者を非難するときも、この言葉をつかった。旧来から武家社会で行われていた「先例」や、周辺地域で行われていた「傍例」（慣例）を破って、「自由（自分勝手）」なことをする、という意味である。

では地頭はどんな新儀非法を犯したか。一言でいえば領主の荘務権に悉く盾ついたということになるが、一つには、荘園領主に直属していて本来なら地頭が駆使しえない夫役を、荘民に対して強引に課したことだ。暦仁元年（一二三八）丹波国雀部荘《ささきべ》（現福知山市）で起きた本所と地頭の相論では、地頭が①先例を破り、大屋敷新造に百姓の夫役を使役したので、百姓が逃亡した。②長期間にわたる夫役に毎日九人も召し使った。③京上夫と称して百姓を京都まで引き連れ、長く召し留めた。④一人当たり一年に三度も自分の名田の耕作に百姓を召し使ったうえ、種子は与えるが食料を与えないという、先例にない暴挙を強行した——というものだった。

年貢もきちんと納めなくなった。雀部荘の相論では⑤十七年間に地頭名の年貢四百二十七石余のうち三百石を滞納した、という訴えも含まれていた。

弘瀬郷の宝治二年の検注の際は、地頭が立ち会って取帳を付けている。洪水や百姓の逃・死亡で年々変化する荘内の実態を調査するため、領主にとって検注は頻繁に実施したい作業だったが、意図的に非法を繰り返している地頭にとっては、できるだけ避けたかった。弘瀬郷の地頭は領主の取帳とは別の帳簿をつくっていた。

検断権に関していえば、弘瀬郷の「千手堂」をめぐる争いの中で、地頭方がここを占拠した。ところが、堂内で四一半《しいちはん》というサイコロ博打をしていたことを幸円が突き止め、検断した。これには定朝も文句は言えなかったようで、この件に関しての検断権は領主側にあった。ただし、全国的にみれば、承久の「新補率法」で地頭にも検断権があることを明記されて以降は、地頭側がその権限を積極的に行使していったようだ。

地頭請所と下地中分

時代が進むとともに新儀非法はさらにひどくなった。地頭が百姓の労働力を私的につかうことは先に説明したが、百姓名の稲を刈り取ったり、百姓を自分の作人や下人にしたり、百姓名を地頭名にしようとし、下地進止権・人的支配権に踏み込んでいった。

武力を背景にした地頭の新儀非法の攻勢に対し、追い込まれた領主側の提案が「地頭請所」と「下地中分」だった。

地頭請所（地頭請ともいう）とは、地頭に一定額の年貢納入を請け負わせ、荘園経営の一切を任せるというもの。東国では鎌倉初期から行われていたが、次第に西国へ拡大した。弘瀬郷では元弘三年（一三三三）

山本村において、村全体の年貢を領家三分の二、地頭三分の一とする地頭請所が成立した。土地（下地）はあくまで領主のものだが、三分の二に相当する一定額の年貢を京都に運んでくれれば、現地全体の管理権を地頭に与えるという内容だった。

一方、下地中分というのは、耕地・山野を含めて荘園の土地所有権を折半し、それぞれ一円的な支配領域を折半するという管理方法だ。実は弘長の下知状では、裁判の途中に、預所幸円が「領家三分の二、地頭三分の一とする」下地分割案を地頭側に持ちかけていた。この案は、領家仁和寺僧正が承諾せず、幸円もこれをきっかけに預所を解任されたようだが、このやり方は各地に広がっていた。

荘園領主にとって地頭請所と下地中分とどちらが有利な選択だったか。下地中分だと半分の土地所有権を地頭に与えてしまう。一方、地頭請所の場合は荘園の管理・支配権を譲っても土地所有権を地頭に渡すわけではない。一見して地頭請所の方がキズは大きくないように思えるが、多くの荘園を調べた永原慶二氏によると、実態はその逆だったという。「いったん地頭の請所となってしまえば、やがて領家側が年貢契約額さえ手に入れにくくなっていくことはほとんど例外なしに見られることから、荘園領主はそれによって事実上崩壊していく。……大勢としてはむしろ請所の方が、領主側としては元も子もなくしてしまう危険が大きかった」という。

鎌倉幕府の裁判

さて、こうした地頭の侵略に伴って所領に関する訴訟が頻発した。ここで鎌倉幕府の裁判に対する姿勢と手続きについて触れておく。

まず、幕府の基本法ともいうべき「御成敗式目（貞永式目）」五十一か条ができたのは貞永元年（一二三二）

だった。三代執権北条泰時が中心となって完成した。それまでは八世紀の「律令」があり、それを基本とした朝廷の「公家法」や、荘園本所が自分の支配地域内で施行していた「本所法」という法体系があった。しかし泰時は、武士社会の習慣や民間の慣習法を「道理」としてとらえ、道理に基づいた誰でもが納得できる法律を作ったといわれる。父義時と議論を重ねるとともに、京都・栂尾高山寺を開いた明恵上人の教えを採り入れたといわれる（山本七平著「日本人とは何か」『あたりまえ』の研究」などに詳しい）。

式目の第一、二条には、幕府支配下の国々や荘園内の神社・仏寺を崇拝し、破損があればすぐ修理することと。第三〜六条は守護の職務を「大犯《たいぼん》三か条」（鎌倉を警護する大番役の催促、謀叛人の検断、殺害人の検断）に限定し、地頭の年貢滞納を戒め、国司・本所の裁判には干渉しない、とした。

そして次の二か条こそ「所領」に関する幕府の大原則であった。第七条では、頼朝以来政子の代までに将軍から与えられた所領に関しては相論を起こしてはならないとした。御恩と奉公で結ばれたかつての御家人の所領を保護したもので、幕府の公式文書（＝安堵状）を持つ者を所有権者とした。第八条では、たとえ公式文書によって所領支配の権利を持っていたとしても、現にその土地を占有せずに二十年が過ぎれば、その権利は消滅するとした。有名な「年紀法《ねんきほう》」といわれるものだ。実際、弘瀬郷の弘長の相論（判決１「地頭職事」）ではこの規定が適用された。

では、実際の裁判はどこでどのように行われたか。

諸国の御家人武士たちの民事訴訟は当初「問注所」で行っていたが、承久の乱後は次第に問注所だけでは裁き切れなくなり、建長元年（一二四九）には御家人の領地訴訟専門の機関として「引付《ひきつけ》」を設けた。引付は鎌倉だけでなく、六波羅探題（京都）、鎮西探題（九州）にもそれぞれ複数の部局（三方〜八方）を置いた。一つの方（現在の裁判所の「部」にあたる）は、評定衆（二〜五名）、引付衆（一〜二名）、奉行衆（二〜五名、事務担当）で構成され、まず訴人（原告）から「訴状」を受け付け、それに対応して論人（被告）から「陳状」を提出させた。「三問三答」といい、これを三回繰り返した。このあと両者を引付に呼び出して口頭による「問注」（対決）が行われ、一応の判決原案を作成したうえで最後の「引付評定」会議にかけて裁許を行った。鎌倉で裁許を下した場合は執権・連署の二人署名による「関東下知状」を両者に交付した。

裁判というものを考えた場合、北条氏が代々引き継いだ執権というのはなかなか巧妙な制度といえる。幕府裁判といっても頼朝のあとの将軍は（幼いので）ノータッチ。形式上ナンバー２の執権が「鎌倉殿（将軍家）仰せにより…」として裁許状を下知するのである。将軍にとって「御恩と奉公」の関係にある御家人はいわば「身内」であり、御家人を公平に裁ける立場にない。だが、執権は彼自身が御家人であり、他の御家人を保護する義務がない。建前上は第三者として判断することが可能なのである。

悪口と謀書

両者対決の時に、気の荒い武士の中にはつい興奮して言い争いが起きることがあった。だが「悪口」の罪は所領没収という厳しい定めがあった。また、事実調べの過程では証拠となる文書・証文が重視されたので、偽造文書が横行した。式目第十五条には「文書偽造の罪人は、武士なら所領没収、所領のない場合は遠流、一般人は額に焼印」と定められていた。弘瀬郷の幸円も地頭方の悪口や謀書（偽書）作成の疑いをしきりに訴えた。

また裁判では具書《ぐしょ》（主張の根拠・証拠となるような付属文書）としていろいろな書状が提出された。鎌倉時代に公式文書として重要視されたものに以下の三つがある。

・御教書《みぎょうしょ》…三位以上の貴人の命を奉じて出された文書。院宣（上皇・法皇）、綸旨（天皇）、令旨（皇太子・三后・

親王・準三后）、関東御教書（鎌倉幕府）など。

・下文…上位者の意志を下位者に伝える公文書。冒頭に「下」と書き、普通はその下にあて先を記す。院の庁・摂関家・将軍家・政所などが、支配下にある役所や人民などに出した。

・下知状…下の者に対して命令を伝える文書。本文の結びを「下知如件」と書くことから下知状と呼ばれた。裁判の判決や、所領の譲与・安堵などに用いられた。

二か所の市

弘長の相論では市についても問題になった。市（市庭）は神社があった天満と高宮の境内ないし近接した場所にあり、幸円と定朝はその管理権をめぐって争った。この両神社は今も小矢部川の両岸に向かい合うように建っており、弘瀬郷において余剰生産物の交換や生活必需品、手工業製品などの商品流通、金銭取引が行われていたことを物語っている。

「歴史を考えるヒント」（網野善彦著）によると、備中国（現岡山県西部）に検見荘という荘園があり、建武元年（一三三四）に作成された文書が荘園領主だった東寺（京都）に残っている。その中に、同荘の代官が約五十俵の米を現地の市庭で売り、代金十九貫五百三十文の銭を得た。その代金を東寺に送るのに額面十貫文の「割符《さいふ》」を市庭で入手し、それを京都に送った。割符とは一種の手形で、この割符を受け取った東寺の人が京都の替銭屋《かえぜにや》に持っていき、お金に替えたという。鎌倉時代すでにこのような流通・金融制度と業者がいたということになるが、弘瀬郷ではどうだったであろうか。

南砺市天神の天神社

中世の「天満社」だったと推定される

南砺市高宮の比賣神社

中世の「高宮」だったと推定される

第二章　裁許状にみる石黒荘弘瀬郷の庄園現場

1　事書と署名

それでは弘長二年関東下知状の中に入っていこう。

下知状は事書《ことがき》で始まり、最後に幕府両執権の署名・花押で結ばれている。事書にはまず「訴人」（原告）、「論人」（被告）の名前と相論の「論所」（係争地ないし係争案件名）が書かれている。

【原文】円宗寺領越中国石黒庄弘瀬雑掌幸円（　与　）定朝・左近将監時定・藤四郎宗定相論条条

カッコ内が虫食いとなっているが「円宗寺領越中国石黒荘弘瀬郷の雑掌幸円と地頭藤原定朝・時定・宗定が相論す。各条以下の通り」という意味である。この下知状の場合、論所が二十六か条もあったので、論所を記載する最後部を「条条」とし、これを受けて「一《ひとつ》〇〇〇事」と一事（条）ごとに判決が下されている。

最後は以下のように書かれている。

【原文】以前条々大概如此、抑去年十二月成給下知状於両方畢、而雑掌方下知状於参河国八橋宿令焼失之由申之間、以先度符案、重所被写下也者、依将軍家仰、下知如件。

弘長二年三月一日

武蔵守平朝臣（六代執権北条長時）　花押

相模守平朝臣（七代執権北条政村）　花押

「先に下した裁許の内容は概ね以上のようであった。そもそもこの裁許状は昨年十二月双方に下知した。

ところが雑掌方が三河国八橋宿（愛知県知立市）で焼失したといってきたので、将軍家の仰せにより原案文を再度書き写したものである。下知件の如し。」と結ばれ、年月日と両執権（執権と連署）の署名・花押がある。最後尾の「下知如件」が下知状といわれる所以である。

なお、鎌倉幕府による裁判は、鎌倉だけでなく六波羅探題、鎮西探題でも受け付けられたが、所領に関する所務相論についての裁許（最終判決）は鎌倉で行われたといわれる。和与の場合も、和与状を下知状の形式で作成し、幕府のお墨付きを与えた。

2　地頭の存在

この相論で両者が鋭く対立したのが「弘瀬郷に地頭は存在するのか」という根本的な問題だった。領家仁和寺の預所幸円は康和元年（一〇九九）という、石黒庄が立荘（一〇七九年）されて間もない頃の文書まで持ち出して、①藤原氏の身分は領家の単なる荘官であって、②幕府にいったん地頭とみとめられたことがあったとしても、その後非行を繰り返しており、領家との約束などに従って地頭職は停止されるべきである、と執拗に訴えた。

結果的には地頭藤原定朝らの主張通り、祖父定直以来の「幕府御家人・地頭」が認められたのであるが、この判決1によって、石黒荘弘瀬郷における地頭・藤原氏（石黒氏）一族の歴史や、朝廷・寺社など旧勢力と武家との戦い、そして鎌倉幕府の諸政策が具体的にみえてくる。

判決1「地頭職事」

【原文】（定直が貞直と記述されているところがあるが、原文のママにした）

（事案の概要＝双方の主張）

右、対決之処、如幸円申者、弘瀬者山田郷内也、往古領家進止之処、故右大将家（源頼朝）幷左衛門督殿（源頼家）御時、飯禁（埜カ）三郎康家・新□四郎維（惟か）憲・渋谷三郎有雅、雖宛給地頭職、依本所御室御訴訟、被停止畢、而定朝祖父定直罷成領家房人之間、自領家、補任下司職畢、貞直起請文幷怠状及名薄（簿）進覧之、且訴訟出来者、可停止地頭職之由、被載元久三年御教書畢、背此状等、敵対領家、押領郷務之上、早任御契約、停止定朝等地頭職、可被付領家。

如定朝等申者、弘瀬者各別之地也、全非山田郷内、以山田・弘瀬両郷、為一庄、以石黒上・中・下、為一庄、以吉江・太海・院林・直海・大光寺五郷、為一庄、所謂三箇庄是也、何以山田郷御避文、可備弘瀬郷証文哉、次貞直者、自領家、補任下司職由事、平家以往者、不及陳答、木曽左馬頭（義仲）成給安堵下文之後、為関東御家人、給代々将軍家御下文之上、不及子細歟、次元久御教書事、為付年号之間、不審也、貞直起請文□奉為領家忠勤也、何以彼状、可令子孫進退哉、怠状事、同前、以弘瀬、為山田郷内、無地頭之由、令存知者、公文職幷新田事、領家何可為定朝請文之乞状哉、然而地頭不令叙用之、三代相伝之地、輙不□乱歟云々。

幸円申云、弘瀬為山田郷内之条、康和五年平家政所幷貞直起請文以下文書明白也、又遂問注之最中、掠給□文之条、甚奸謀也、就中先御教書同令掠給□召出補任御下文云々。

定朝甲云、山田・弘瀬為□山田□職避文、不可押妨之条、元久御教書以下証文明白也、次如貞直起請文者、山田庄弘瀬之由、載之、無内字之間、不足証拠、元久御教書者、就先預所弁継訴状、被成下畢、如彼申状者、端書則山田内之由注之、状中亦、山田・弘瀬両郷者、往古一庄之旨、所令書也、各別之条、無異儀、次定直怠状事、年来不知及之上、判形相違之間、頗偽書也云々。

（幸円側の主張認定）

爰如幸円所進寺家政所康和元年下文者、「越中国石黒庄山田、可令橘為成勤仕広田内参百参拾柒町壱段百弐拾歩□地而雑事云々」（A）、

如右大将家六月十六日（元暦元年）・左衛門督家元久元二十（ママ）四年御教書幷□下知状者「被停止山田郷地頭職之由、被載之」（D）、

如貞直建久三年名薄（簿）者「正六以（位か）上藤原貞直云々」（F）、

如建仁三年同起請文者、山田庄弘瀬郷下司貞直起請文事、自今以後、始自本家・領家、至京下使、一事不可背所命、有内外致腹黒者云々」（H）、

如弁継元久二年十二月訴状、「貞直背起請、所致非法沙汰也、山田・弘瀬両郷者、往古一庄也、被停止山田郷地頭職之日、弘瀬方何可有別地頭哉云々」（M）、

如二月十四日（付元久三年）御教書者「石黒庄山田郷内弘瀬方の中司弁継解状如此、条々罪科依難遁、伏道理、可停止私新儀之由、書進起請文之由、蒙御後（厚カ）免、給身暇下向之後、即巧猛悪、抑留有限恒例臨時御寺役之由、載之、事実者、所行之旨、甚以不当也、早任起請文、可従領家御命、猶訴訟出来者、可令停廃其職也云々」（N）、

如同三月貞直怠状者「従領家所命、可停止貞直新儀非法条々、子細先進起請文所載也云々」（O）。

（定朝らの主張認定）

而定朝等所進留守所治承五年八月・木曽左馬頭同六年二月□者「以定直、可為弘瀬村下司職云々」（B、C）。

如比企藤内朝重六月十四日（不載年経）者「庄家者、依鎌倉殿仰、山田可沙汰也、弘瀬事者、僻事也云々」（E）、

如大田兵衛尉朝季閏十月廿一日状者「年来有限地頭沙汰事、不可有異儀云々」（G）。

如建仁三年十一月三日御下知者「朝季郎従頗有謀叛□之時、貞直遅参之由、雖令風聞、如国人等申状者、京上之後、去九月八日令帰国、無遅参之科歟、於今者、可令安堵本所云々」（I）、

如元久元年四月十七日御教書者「給山田郷押混令押領云々、早可令停止自由押領也、若又有由緒共、企参上、可遂対決云々」（J）、

如同七月十日御教書者「山田郷地頭惟憲事、自御室、被仰下之間、被止其職、幷至弘瀬郷者、無被止地頭事、無指其科、御家人等所知、争無左右、可被停止哉云々」（K）、

如同二年二月御教書者「弘瀬郷地頭得分幷公文職事、任先例、可致沙汰云々」（L）、

如遠江入道《名越朝時》生西于時式部丞承久三年六月・同八月状者「所領下（不か）可有相違云々」（P、Q）。

（幕府の裁定）

如建長二年十二月御下文者「定朝可為地頭・公文□」（R）、山田・弘瀬為各別否、両方証文雖為参差、所詮、如元久元年御教書者、「山田郷地頭惟憲事、被止其職畢、至弘瀬郷者、不被□無其《ママ》御家人所帯、争可被停止哉之由」（K）、被載之、已為各別之条明白也、然者山田郷輙難被付地頭職於領家歟是一、

次幸円所進元久御教書事、初句令引載訴状之間、頗問状躰也、終章若猶訴訟出来者、可令停廃其職之旨、被載之間、為誡之御詞歟、何以此状、可破建仁・元久両度安堵御教書哉是二、

次書与悳状幷名薄《（マヽ）》及起請文於領家畢、為領家進止之由、幸円雖申之、代々給御教書、地頭三代之間、経年序之上、不及子細歟是三、

次如式目者、雖帯御下文、於過廿箇年者、不及沙汰云々、何況三代五十余年勤仕御家人役之間、今更難被避歟是四。

（判決主文）

凡宝治之比、遂対決、所務条々、被定下之上、地頭職事、不及改沙汰。

（付帯事項＝和与の経緯）

次和与事、領家三分二、地頭三分一可令分領之由。両方出和与状之間、可被叙用否、有其沙汰之処、和与之条、不可然之旨、領家行遍僧正令申之上、幸円辞当郷雑掌、属地頭之間、以教信阿闍梨、為雑掌、就本問注記具書、可蒙御成敗之由、行遍申之、然者於件和与状者、旁以非沙汰之限焉。


【読み下し文】

（事案の概要＝双方の主張）

右、対決の処、幸円の申す如くんば、「弘瀬は山田郷の内なり。往古領家の進止のところ、故右大将家ならびに左衛門督殿の御時、飯埜三郎康家・新□四郎惟憲・渋谷三郎有雅、地頭職を宛て給わるといえども、本所御室の御訴訟により、停止されおわんぬ。しかるに定朝の祖父定直、領家房人に罷《まか》り成るの間、領家より下司職に補任せられおわんぬ。定直起請文ならびに怠状および名簿これを進覧す。かつ訴訟出来《しゅったい》せば、地頭職を停止すべきの由、元久三年の御教書に載せられおわんぬ。この状等に背き、領家に敵対し、郷務を押領するの上は、早く御契約に任せ、定朝等の地頭職を停止し、領家に付けらるべし」。

定朝らの申す如くんば、「弘瀬は各《おのおの》別の地なり。全く山田郷の内にあらず。山田・弘瀬両郷をもって一庄となし、石黒上・中・下をもって一庄となし、吉江・太海・院林・直海・大光寺の五郷をもって一庄となす。所謂三箇庄これなり。何ぞ山田郷の御避文をもって、弘瀬郷の証文に備うべけんや。次いで定直は領家より下使職に補任の由のこと、平家以往は陳答に及ばず。木曽左馬頭安堵の下文を成し給わるの後、関東御家人として、代々将軍家の御下文を給わるの上は、子細に及ばざるか。次いで元久の御教書の事、年号を付けなすの間、不審なり。定直の起請文は領家に忠勤をなしたてまつるなり。何ぞ彼の状をもって、子孫をして進退せしむべけんや。怠状のこと前《さき》に同じ。弘瀬をもって山田郷の内となし、地頭なきの由、存知せしめば、公文識ならびに新田の事、領家何ぞ定朝請文《うけぶみ》の乞状《こつじょう》をなすべけんや。然りしこうして、地頭、これを叙用せしめず、三代相伝の地、輙《たやすく》乱□ざるか（混乱に及ばざるか）」と云々。

幸円申して云わく、「弘瀬は山田郷の内となすの条、康和五年平家政所ならびに定直起請文以下の文書に明白なり。また、問注を遂ぐるの最中、起請文を掠《かす》めたまわるの条、甚だ奸謀なり。なかんずく先の御教書同じく掠めたまわらしめ地頭職補任の御下文を召し出すと云々。

定朝申して云わく、山田・弘瀬を□一庄と為し、□山田□職避文を□、押妨すべからざるの条、元久御教書以下の証文明白なり。次いで定直起請文のごとくんば、「山田庄弘瀬」の由これを載す。内の字なきの間、証拠に足らず。元久の御教書は、先の預所弁継の訴状について、成し下されおわんぬ。彼の申状の如くんば、端書には即ち山田の内の由これを注す。状中にまた、山田・弘瀬両郷は、往古一庄の旨、書かしむるとことなり。各別の条、異議なし。次いで定直怠状の事、年来知り及ばざるの上、判形《はんぎょう》相違するの間、すこぶる偽書なりと云々。

（幸円側の主張認定）

ここに幸円進むるところの寺家政所康和元年の下文のごとくんば「越中国石黒庄山田、橘為成をして勤仕せしむべき広田のうち三百三十七町一反百二十歩の地、しこうして雑事」（A）と云々。右大将家六月十六日（元暦元年）・左衛門督元久元・二・十四年の御教書ならびに御下知状のごとくんば「山田郷地頭職を停止せらるるの由」（D）、これを載せらる。

定直の建久三年の名簿《みょうぶ》のごとくんば「正六位上藤原定直」（F）と云々。

建仁三年同起請文の如くんば「山田庄弘瀬郷の下使定直起請文の事、今より以降、本家・領家より始めて京下使に至るまで、一事も所命に背き、内外に腹黒を致すこと有るべからず」（H）と云々。

弁継の元久二年十二月の訴状の如くんば「定直起請に背き、非法の沙汰を致すところなり。山田・弘瀬両郷は、往古一庄なり。山田郷地頭識を停止せらるるの日、弘瀬方、何ぞ別の地頭あるべけんや」（M）と云々。

二月十四日（付けたり元久三年）の御教書の如くんば、「石黒庄山田郷内弘瀬方の中司・弁継の解状《げじょう》かくのごとし。条条の罪科遁れ難きにより、道理に伏し、私の新儀を停止すべきの由、起請文を書き進むるの由、御厚免を蒙り、身の暇を給わり下向の後、即ち猛悪を巧《たく》み、限りある恒例の臨時御寺役を抑留するの由、これを載す。事、実《じち》たらば、所行の旨甚だもって不当なり。早く起請文に任せ、領家の御命に従うべし。なお、訴訟出来せば、その職を停廃せしむべきなり」（N）と云々。

同三月定直怠状のごとくんば「領家の所命に従い、定直新儀の非法を停止すべき条条、子細先進の起請文に載するところなり」（O）と云々。

（定朝らの主張認定）

しかるに、定朝等進むる所の留守所治承五年八月・木曽左馬頭同六年二月の下文は「定直をもって弘瀬村下使職たるべし」（B、C）と云々。

比企藤内朝重の六月十四日状（年紀を載せず）のごとくんば、「庄家は鎌倉殿の仰せにより、山田沙汰すべきなり。弘瀬の事は僻事《ひがごと》なり」（E）と云々。

大田兵衛尉朝季の閏十月二十一日状のごとくんば「年来限り有る地頭沙汰の事、異議あるべからずと云々」（G）。

建仁三年十一月三日の御下知の如くんば、「朝季の郎従すこぶる謀叛の□（企か）有るの時、定直遅参の由、風聞せしむといえども、国人等の申し条のごとくんば、京上の後、去る九月八日帰国せしむ。遅参の科なきか。今においては、本領（本文は本所となっている）を安堵せしむべし」（I）と云々。

元久元年四月十七日の御教書のごとくんば「山田郷を給わり、押し混じて押領せしむと云々。早く自由の押領を停止せしむべきなり。もし又由緒有りとも（有らば？）、参上を企て、対決を遂ぐべし」（J）と云々。

同年七月十日御教書のごとくんば、「山田郷地頭惟憲の事、御室より仰せ下さるの間、その職を止められおわんぬ。弘瀬郷に至りては、地頭を止めらるの事なし。さしたる科なきの御家人等の所知、いかでか左右《さう》なく停止せらるべけんや」（K）と云々。

同じく二年二月御教書のごとくんば、「弘瀬郷地頭の得分ならびに公文職の事、先例に任せ、沙汰いたすべし」（L）と云々。

遠江入道生西《しょうせい》（時に式部丞）の承久三年六月・同八月状のごとくんば、「所領、相違あるべからず」（P、Q）と云々。

（幕府の裁定）

建長二年十二月御下文のごとくんば「定朝、地頭・公文たるべし□」（R）。

山田・弘瀬各別たるや否や、両方の証文、参差《しんし》(＝矛盾)たりといえども、所詮、元久元年の御教書のごとくんば、「山田郷地頭惟憲の事、その職を止められおわんぬ。弘瀬郷に至りては止められず、不被□無其御家人所帯、いかでか停止せらるべけんやの由」（K）、これを載せらる。すでに各別たるの条、明白なり。しかれば、山田郷、輒（たやす）く地頭職を領家に付けられ難きか。〈これ一〉

次いで、幸円進むるところの元久御教書の事、初句に訴状を引き載せしむるの間、頗《すこぶる》問状の躰《てい》なり。終章もしなお訴訟出来せば、その職を停廃せしむべきの旨、載せらるるの間、誡《いまし》めの御詞たるか。何ぞその状

をもって、建仁・元久両度の安堵の御教書を破るべけんや。〈これ二〉
次いで、怠状ならびに名簿および起請文を領家に書き与えおわんぬ。領家進止たるの由、幸円、これを申すといえども、代々御教書を給わり、地頭三代の間、年序を経《ふ》るの上は、子細に及ばざるか。〈これ三〉
次いで、式目の如くんば、御下文を帯すといえども、二十か年を過ぐるにおいては、沙汰に及ばずと云々。何ぞ況（いわん）や、三代五十余年、御家人役を勤仕するの間、今更避られ難きか。〈これ四〉

（判決主文）

およそ宝治のころ、対決を遂げ、所務の条条、定め下さるの上は、地頭職の事、改めて沙汰に及ばず。

（付帯事項＝和与の経緯）

次いで、和与の事、領家三分の二、地頭三分の一分領せしむべきの由。両方和与状を出すの間、叙用せらるべきや否や、その沙汰あるのところ、和与の条、しかるべからざるの旨。領家行遍僧正申さしむるの上、幸円、当郷の雑掌を辞し、地頭に属するの間、教信阿闍梨をもって雑掌となし、本問注記具書について、御成敗を蒙るべきの由、行遍、これを申す。しかれば、件《くだん》の和与状においては、旁《かたがた》もって沙汰の限りにあらず。

【意訳】

一・地頭職の件

（事案の概要＝両者の主張）

双方の主張を問いただしたところ、幸円は「弘瀬は山田郷の内に含まれる。昔は領家が進止していたのに、故源頼朝ならびに源頼家が将軍だった時（一一九二～一二〇三）に、飯埜三郎康家、新□四郎惟憲、渋谷三郎有雅らが地頭職に任命された。しかし、本所の京都御室仁和寺が幕府に抗議し山田郷の地頭職は停止させられた。一方、定朝の祖父定直は領家の房人だった関係で、領家より下司職に任ぜられていた。下司だった定直は建久三年（一一九二）から元久三年（一二〇六）の間、領家仁和寺宛てに「起請文（誓紙）」ならびに「怠状《たいじょう》（＝わび状）」および「名簿《みょうぶ》」を差し出し、領家への従属を誓ってきた。それらの書状を証拠書類としてご覧に入れる。さらに、元久三年（一二〇六）の御教書（N）には、領家との間で新たに訴訟が起きるようなことがあれば定直の地頭職を辞めさせるべきだと書かれている。これらの書状に背き、領家に敵対して郷務を押領するからには、すぐにも御教書で決められた通り、定朝らの地頭職を停止すべきである」と主張した。

これに対し定朝らは、「弘瀬郷と山田郷はそれぞれ別の地であり、弘瀬郷は山田郷の内にあるのではない。山田・弘瀬両郷を一庄とし、石黒上・中・下郷を一庄とし、吉江・太海・院林・直海・大光寺の五郷を一庄とする、いわゆる『石黒荘三箇庄』とはこのことである。それなのにどうして山田郷の地頭を停止した避文《さりぶみ》（＝権利放棄の証明書）を弘瀬郷にもあてはめるのか」と反論した。また定朝は「祖父定直が領家から下司職に任命されたことは、平氏時代は言うまでもなく、木曽（源）義仲からも『下使職を安堵する』との下文を賜っている。その後も、代々将軍家から『関東御家人とする』との御下文を賜っており、あれこれ言われることはないはずだ」と反論した。さらに「幸円が証拠書類として提出した元久の御教書（N）なるものに年号が付けてあるが、その時期にそのような御教書が出されたというのは疑わしい。また定直の起請文は領家に忠勤を尽くそうとするためのものであり、その誓文によって定直の子孫である我々の進退まで左右されるようなことがあっていいものか。定直が書いたという怠状があったとしても起請文と同じ意味で書かれたものである。弘瀬郷が山田郷の内であるとして、弘瀬郷にも地頭がいないことが周知されていたのであれば、公文職や神田の件を含めて、領家はなぜ定朝に請文を無理やり書かせようとしたのか。しかし、地頭はそれに応じなかった。地頭として三代相伝の地をたやすく□乱□させはしない」と反論した。

一方幸円は「弘瀬は山田郷の内であるとする条文は、康和五年（一一〇三）平家の政所ならびに定直の起請文以下の文書に明らかである。また、裁判所で事情聴取を受けている最中に起請文を盗んでいったことは極めてけしからぬことだ。とりわけ先の御教書も同じく盗み取ったうえ、（その代わりに）弘瀬郷地頭に補任するとの御下文を証拠書類として出してきた」と訴えた。

定朝は「山田郷の地頭職が停止されたことは、元久の御教書以下の証文によって明らかであり、そのことを否定しない。ただし、定直の起請文には『山田庄弘瀬』と記載されており、『内』の字がなく、これを弘瀬郷が山田郷の一部であったとする証拠とするわけにはいかない」と述べた。さらに、「元久の御教書は、先の預所弁継の訴状に対して出されたもののようであるが、その上申書の端書《はしがき》に『山田の内』との注釈をつけただけで、本状の中には、山田・弘瀬両郷は往古一庄であったとの旨を記しているだけである。その通り昔は一つであったが、今はそれぞれ別の郷である」と述べた。さらに「定直が領家に差し出した怠状があるというが、それは我々の知らないものだし、怠状に押してある判の形をみると定直のものとは違っており、完全な偽書である」と主張した。

（幸円側の主張認定）

この相論で幸円が申したことをまとめると、まず康和元年（一〇九九）の寺家政所（仁和寺にある本所の荘務を担当する機関）の下文によれば、「越中国石黒庄山田において橘為成という人物（山田郷の預所クラスの荘官か）に勤仕させたときの田地面積は三百三十七町一段百二十歩で、ほかに雑事があった」（A）という。

そして、右大将家（頼朝）が元暦元年六月十六日付で、また左衛門督（頼家）が元久元年・二年などにそれぞれ出した御教書には「山田郷の地頭識は停止された」（D）と記載されている。

また、定直が建久三年（一一九二）領家に提出した名簿には、自らの官位を「正六位上藤原定直」（F）と記して領家に臣従を誓っている。

そして建仁三年（一二〇三）に定直が領家に提出した起請文によると、自らを「山田庄弘瀬郷の下司定直」と名乗り、「今後は本家・領家をはじめ京下使（京都からきた雑掌らの荘官）に至るまで、一事も命令に背いたり、腹黒いことは致しません」（H）と誓約している。

また、預所弁継が元久二年（一二〇五）十二月に裁判所に提出した解状（＝上申書）によると、「定直は起請文に背いて非法な行動をとった。山田・弘瀬両郷は古来一庄である。山田郷の地頭職が停止されたときに、弘瀬方に別の地頭がいるはずはない」（M）と訴えた。

この訴えに関して翌年の元久三年（一二〇六）二月十四日付で出された幕府の御教書（裁定書）にはこう書いてある。「石黒庄山田郷内弘瀬方の預所弁継の訴えによると、定直は（一二〇三年に）起請文を書き、『数々の罪科免れがたく、今後は道理に従い、自分勝手な行動はとらない』と誓った。それなのに、（起請文を持って京都に行き）領家からお許しをもらって弘瀬郷に帰ったとたん、すぐに悪事をたくらみ、限りある恒例の臨時御寺役（寺から課せられる税など）を差し押さえて自分のものにしたという。もしそれが事実であったとしたら、定朝の行為は極めて不当なものであり、早く起請文に書いた通り、領家の命令に従うべきである。今後また訴訟が起きれば、その職を停廃させるべきだ」（N）と。

定直はこれに加えて同年三月、領家に対し「領家の命令に従い先例を破るような非法は犯しません。子細は先の起請文に書いた通りです」（O）と詫び状も書いている。

（定朝らの主張認定）

定朝らはまず、治承五年（一一八一）八月付けで留守所（越中国衙）から、また同六年（寿永元年）二月には木曽義仲から「定直を弘瀬村下司職とする」（B、C）との下文（安堵状）をもらっている事実を明らかにした。

その後定直が比企藤内朝重（鎌倉殿勧農使比企朝宗の代官）からもらった六月十四日付（年号の記載なし）の下文には、「庄家は鎌倉殿の仰せに従って山田郷を治めるべきであり、弘瀬郷については僻事（間違い）である」（E）と書いてある。

また、（当時越中国守護だった比企一族の）大田兵衛朝季からもらった閏十月二十一日付（建仁二年、一二〇二）の書状には「地頭の沙汰に異義を唱えてはならない」（G）とあり、定朝に「地頭沙汰（を行う権限）」を安堵している。

そして建仁三年（一二〇三）十一月三日の御下知によると、「（鎌倉で比企の乱が発生し、同一族である）大田朝季の郎党に謀叛の嫌疑がかかった時、（定直も朝季方に付いたのではないかとみられ、乱後に幕府側がかけた招集命令に）定朝が遅参したという風聞が流れた。だが、国人らの証言により、定直はその時上京していたが、九月八日には帰国していたことが判明し、遅参の科はないと認められた。今においては、本領（本文では本所となっている）を安堵すべきである」（I）と、定直の荘官（この時点ではまだ下司職か）の地位を認めた。

［次の、元久元年四月十七日の御教書に関する文章Jの意味はよく分からないので意訳は省略。］

そして元久元年（一二〇四）七月十日の御教書によって、「山田郷の地頭新□四郎惟憲については、御室仁和寺より御抗議があり、その職は停止された。しかし弘瀬郷については、地頭は停止されていない。たいした科がないことは御家人らも知っていることで、あれこれいうまでもなく、停止されるべきではない」（K）

とされ、ここにおいて定直が弘瀬郷地頭であることが確認できる。

そして元久二年（一二〇五）二月の御教書によって、「弘瀬郷地頭の得分ならびに公文識のことは、先例に従って決めるべきである」（L）と、定直の地頭職だけでなく公文職についても認められた。

さらに、承久三年（一二二一）六月と八月、承久の乱直後に越中国守護になった遠江入道生西（式部丞＝名越朝時）から二度にわたって「所領に相違があってはならない」（P、Q）と、藤原氏一族の地頭職安堵が確認されている。

（幕府の裁定）

建長二年（一二五〇）十二月の御下文には「定朝は地頭および公文識である」（R）とある。山田郷と弘瀬郷がそれぞれ別であるか否かについて、双方から提出された証文は入り混じっているが、結局、元久元年の御教書には「山田郷の地頭惟憲はその職を停止された。しかし、弘瀬郷については御家人の所帯がなくされておらず、地頭職も停止されているはずはない」（K）とある。これによって、両郷がそれぞれ別の郷であることが明白だ。〈これ一〉

次に、幸円が提出した元久の御教書には、はじめに（弁継からの）訴状を載せていて、かなり尋問風の体裁になっている。文章の終わりのところで「もしもう一度訴訟が起これば、地頭識を停廃させるべきだ」と記されているが、これは幕府からの誡めの言葉と理解すべきであろう。従って、この状によって建仁・元久の二度にわたる安堵の御教書を破棄してよいということにはならない。〈これ二〉

次に、（定直は）怠状ならびに名簿や起請文を領家に提出している。このことをもってずっと領家の支配下（下司）にあったことの証明であると幸円が申しているが、（藤原家は）代々幕府から安堵の御教書を給わり、それが地頭三代にもわたっているからには、もうあれこれ言うまでもないことである。〈これ三〉

次に、御成敗式目（第八条）には、「御下文を持っていたとしても、二十年を過ぎたことは問題にしない」（「二十箇年年紀法」）と定められているが、三代五十年余年間、御家人役として鎌倉に仕えているからには、今更そうでなかったとはいい難い。〈これ四〉

（判決主文）

宝治年間に両者相争って裁判を起こし、それぞれの所務（所領の管理）に関しては既に諸条の裁許が下りている。今更地頭職のことに改めて沙汰することはない。

（付帯事項＝和与の経緯）

この相論で和与の話し合いがあった事に言及しておく。「領家三分の二、地頭三分の一の比率で分領（下地を分割する）する」という和解案を双方から提出してきた。この案を採用すべきかどうか確認したところ、領家の行遍僧正がその和与条件は了解できないといってきた。（この結果）幸円は当郷の雑掌を辞任し、地頭側に属することになった。領家側は教信阿闍梨を新任の雑掌（預所）とし、それまでの裁判でのやり取りや証拠書類をそのまま引き継いで裁決を受けると行遍がいってきた。従ってこの和与の件について沙汰はしない。

【解説】

⑴判決主文は「宝治二年の相論で両者の所務（所領管理）問題には沙汰が下っている。その通りにせよ」という内容だった。つまり、宝治の検注を行った年（の検注を実施する前）に、弘長と同じような内容の相論を起こし、一度は裁許が下りていたことがわかる。

⑵幕府の裁定理由は〈その一〉から〈その四〉に箇条書きになっている。結論を一言でいえば、建長二年の

公式文書（幕府の安堵の御下文）によって藤原氏の地頭職・公文職が確定しているものとし、さらに「年紀法」（二十年以上実効支配した者がその所領の占有権を得る）に基づいてもその根拠を明らかにした。幕府の所領に関する大原則＝「貞永式目」第七条と第八条をそのまま適用した判決だった。

(3)両者が何通もの証拠書類を提出して訴陳を行っているが、それぞれの言い分は、平安末期～鎌倉幕府の誕生～北条氏の執権政治に至る、かなり長期間にわたる時代背景を理解しないとわからない。そこで、以下のように六つの時代区分をして領家と藤原一族の争いの歴史を整理した。

なお、□印は地頭藤原氏、〇印は領家預所幸円が提出した証拠文書である。

①平氏政権のころ

〇一〇九九年　康和元　寺家政所下文（A）

□一一八一年　治承五　留守所下文（B）

□一一八二年　治承六　木曽左馬頭（源義仲）下文（C）

・（A）の康和元年の寺家政所の下文は重要な意味を持つ。寺家政所とはおそらく「仁和寺」の寺家政所のことであろう。下文によれば「越中国石黒庄山田において橘為成という人物に勤仕させたときの田地面積は三百三十七町一段百二十歩だった」という。この下文は、幸円が「弘瀬郷は山田郷の一部である」と主張したいがために提出した証拠文書であった。であれば、三百三十七町余はのちの弘瀬郷と山田郷の田地を加えた数字であることが分かる。

・もうひとつ重要なのは、この下文が本当に仁和寺のものであれば、康和元年の段階で山田郷と弘瀬郷がすでに同寺の管理下にあった可能性があることだ。この年は、石黒荘立荘後まだ二十一年（三条天皇が亡くなってから二十六年）しか経っていないが、白河法皇の第二皇子で僧籍に入っていた仁和寺覚行が史上初の「法親王」の位についた時だ。

・ただし、久保尚文氏の研究によれば「石黒荘は白河院から次の院である鳥羽院に伝領された形跡はなくその次の後白河院に受け継がれたようだ」という。そして、実質的に三庄に分割されたのは後白河院の時代だったのではないかとみる。本書では、久保説を採ることにするが、山田・弘瀬郷はかなり早い段階から王家とつながりの深い仁和寺の手に渡っていた可能性がある。

・後白河院の時代、藤原定朝の祖父定直は領家の房人であり、領家が補任した弘瀬郷の下司であったことは幸円も定朝も認めている。

・その定直に対し、越中国衙（留守所）と木曽義仲からそれぞれ「弘瀬村下使職を安堵する」との下文が倶利伽羅峠の合戦前に届いていた（BとC）。

・そもそも荘園の下司を補任する権限は平安時代以来、本所（領家）にあった。従って、武士である義仲が定直に安堵状を出したこと自体、越中国全体の本所・領家支配体制が危機に陥っていたことを物語っている。源平争乱の中で、当時形式的とはいえ越中国主は平氏だった。その留守所にまで義仲の力が及び、越中国衙をも掌握していたことをうかがわせる。

②頼朝が権力を握った頃

○一一八四年六月十六日　　元暦元　　右大将家（源頼朝）御教書（D）

□六月十四日　　日付のみ記載　　比企藤内朝重下文（E）

○一一九二年　　建久三　　定直名簿（F）

・頼朝は義仲が平氏討伐で中国地方を転戦している間に後白河法皇と接触し、寿永二年（一一八三）に法皇の宣旨を獲得した。「東海道・東山道諸国の国衙領・荘園の年貢は国司・本所のもとに進上せよ。もしこれに従わない者があれば、頼朝に連絡して命令を実行せよ」という内容だった。宣旨の実質的な意味は後段にあり、頼朝は東海・東山両道の年貢未納問題を解決する権限を得た。

・次いで頼朝は義仲を滅ぼした直後の寿永三年・元暦元年（一一八四）四月、鎌倉殿勧農使として比企藤内朝宗を越中などの北陸道諸国に派遣し、東海・東山両道と同じ支配権を行使しようとした。さらに文治元年（一一八五）十一月には「国地頭」を五畿、山陽、山陰、南海、西国に設置し、各地の国衙領・荘園内に「地頭」を置こうとした。

・ところがこの結果、朝廷・荘園本所勢力のおひざ元である西日本諸国で混乱が発生した。頼朝は翌年すぐに朝廷側の抗議を受け入れ、勧農使・国地頭を廃止し、朝廷勢力が強い越中を含む畿内近国三十七か国では、地頭もいったんは停止された（ただし、国地頭はその後「惣追捕使」→「守護」と名称をかえる形で、存続されていった）。

・石黒荘山田郷でも、領家仁和寺からの抗議を受け、頼朝はいったん補任した地頭職をすぐに停止せざるを得なくなったことが（D）の御教書によってわかる。

・（E）の下文を書いた比企藤内朝重とは朝宗の代官であろう。年号が不明なうえ意味も分かりにくいが、（D）によって山田郷の地頭は停止されたものの、弘瀬郷は山田郷とは違う事情にあることを朝重が定直に伝えているようにみえる。

・だが、定直は建久三年の時点で、自分は「正六位上藤原定直である」という内容の「名簿」（F）を領家に提出し、臣従を誓わされている。この時期における領家の優位は動かず、在地領主定直は領家成敗下の下使職に甘んじていたのであろう。定直の姓が「藤原」であることがこの名簿で初めて明らかになる。

③比企能員《よしかず》の乱により、越中国にも混乱が生じる。

□一二〇二年閏十月　建仁二　大田兵衛朝季状（G）

〇一二〇三年　建仁三　定直起請文（H）

□一二〇三年十一月三日　建仁三　御下知（安堵御教書）（I）

・比企能員は鎌倉幕府の有力な御家人。二代将軍・源頼家の乳母父となり権勢を強めたが、能員の台頭を恐れた北条時政により一二〇三年九月二日殺された。これを「比企能員の乱」という。

・その乱が起きる前年の越中国守護は比企一族の大田朝季《ともすえ》だったとみられる。定直は大田氏に食い込み、地頭に成り上がろうとしていた雰囲気が（G）によって感じられる。

・ところが、能員が殺され、将軍も三代実朝にかわると、越中における大田朝季とその郎党に対する北条家（時政）からの強烈な包囲網が敷かれた。越中の国人（石黒氏を含む地方豪族）はただちに招集が掛けられたが、大田派の嫌疑がかけられた定直はたまたま上京中だった。九月八日に急いで帰国したことを国人仲間に伝えてもらい、辛うじて遅参の科を免れ、本領（この時点では下司識）を維持することができた。これを記したのが（I）である。

・この騒動の中で定直は起請文（H）を領家に差し出した。自ら「山田庄弘瀬郷下司」であると名乗り、「本家・領家をはじめ京下使（預所など）に至るまで命令には背きません」と誓わされた。

④定直ついに地頭職に補任され、公文職も認められる。

□一二〇四年四月十七日　元久元　御教書（J）

□一二〇四年七月十日　元久元　安堵御教書（K）

□一二〇五年二月　元久二　御教書（L）

・定直は大田派の嫌疑を払おうと「山田庄弘瀬郷下使」と宣言した（H）ことでかえって地頭になるのに不都合な状況になったと考えられるが、（K）によってこれを切り抜けた。

・（K）の御教書によって二つの重要な事実がわかる。一つは、山田郷の地頭であった惟憲の地頭職が御室仁和寺の申し入れによって停止されたこと。つまり、この判決文の冒頭で幸円が、「頼朝・頼家の時代にいったん山田郷の地頭となった飯埜三郎康家、新□四郎惟憲、渋谷三郎有雅らが停廃さらた」と強調しているが、それが事実であったことがわかる。彼らは越中の在地武士ではなく、関東御家人だったと推定されるが、重要な点は、それにもかかわらず、定直の弘瀬郷地頭職の地位は停止されなかった。

・つまり、山田郷地頭惟憲は比企の乱後に科があったと判断されて停止させられた。領家は先の飯埜康家に次いで惟憲の地頭職停止にも成功したわけだ。ところが弘瀬郷については、定直はさしたる科がなかったので地頭識を停止されていないという。この（K）の書き方では、定直は元久元年七月以前に既に地頭であったと読むこともできるが、この御教書によって定直が本領を安堵された地頭であったことが決定づけられた。

・越中国において承久の乱の前の段階で地頭だった者は、定直以外に見当たらない。

・しかも（L）の御教書がさらに決定的な意味を持った。これによって定直は弘瀬郷の地頭得分のみか公文職の所帯まで確定した。

・（J）の意味は不明。（K）と同じようなことを言っているのかもしれない。

⑤地頭となった定直と領家とのいざこざが続く。

〇一二〇五年十二月　　元久二　　弁継訴状（M）

〇一二〇六年　二月十四日　　元久三　　左衛門督家（右大臣家＝頼朝かも）御教書（N）

○一二〇六年　　元久三　　定直怠状（O）

・元久二年七月、鎌倉では北条時政が初代政権の座から滑り落ち、義時が権力を握る。時政時代の地頭職安堵を不満とする領家は同年十二月義時の法廷に定直の非法を訴え、反撃に出た。

・その内容を示すのが（M）の預所弁継による訴状で、弁継は「定直は起請に背き非法の沙汰をいたす」と裁判に訴えた。これに対する幕府の御教書が（N）で、「再度非法を犯すことがあれば定直の地頭職を停止すべきだ」と定直を戒めた。

・これに対して定直は「起請文をまもり、反逆行為はいたしません」との詫び状（O）を書くことで裁判は終了したようだ。

・この時期、晴れて関東御家人・地頭の地位を認められた定直は、現場では、領家側の領地にぐいぐい食い込み、詫び状とは正反対の行動をとっていたことが想像される。

⑥承久の乱後も引き続き藤原一族の地頭職が安堵される。

□一二二一年六月　　承久三　　式部丞（名越朝時＝遠江入道生西）状（P）

□一二二一年八月　　承久三　　式部丞（名越朝時＝遠江入道生西）状（Q）

□一二五〇年十二月　　建長二　　御下文（R）

・一二二一年五月に「承久の乱」が起きた。このとき北陸道大将軍であった名越（北条）朝時《ともとき》が、乱後そのまま越中国守護となり、六月と八月の二度にわたって藤原氏の所領を安堵したことが（P）（Q）によってわかる。この時点での地頭は定直から二代目定茂への移行時期だったとみられる。朝時は三代執権北条泰時の弟で、居館が鎌倉の名越《なごえ》にあったので名越氏と呼ばれた。

・承久の乱に際し、藤原氏ら石黒党ははじめ京方についたが、朝時に一蹴されて降参した。どの時点でのことか分からないが、預所幸円は「定朝は宮方に密通していた」とこの法廷で明らかにした。だが、その件は時効とされ、承久の乱を契機にむしろ地頭藤原氏一族の力は一段と強化された。

・定直のあと二代目地頭定茂、そして定茂のあとを継いだ三代目地頭定朝の地位が（R）の下文によって明確にされている。

・以上が弘瀬郷藤原三代の領家補任下使職からの脱却、すなわち地頭職獲得の経緯であった。

⑷この判決の末尾に、双方で和与の話し合いがあったことが記されている。領家三分の二、地頭三分の一の割合で下地を分け、それぞれの領地を別々に一円支配しようという「分領案」だった。しかし、領家の仁和寺菩提院僧正行遍が反対し、幸円が提案したと思われるこの和与案は成立しなかった。幸円はこの時地頭側に転向。領家側は幸円がそれまで裁判で主張したことをそのまま引き継いで結審することを望み、最終的には長大な判決文を残すに至った。結審時の雑掌（預所）は教信阿闍梨という人物だった。

3　検注①～新田はだれのものか

新たに開発した田地は、領家のものか地頭のものか。その進止権争いの背景には、鎌倉幕府の支配権がどこまで及んでいたかという問題でもあった。

文治元年（一一八五）十一月、源頼朝は、諸国に地頭を置いた。しかしすぐさま朝廷や公家、寺家から反発を受け、翌文治二年六月に畿内近国三十七か国の国地頭を停止せざるを得なくなった。鎌倉幕府が直接支配する地域を「東国」と呼んだのに対し、この三十七か国はやがて「西国」といわれるようになっていく。越中国も畿内近国の一つに数えられ、西国扱いだった。

ところが、一二二一年の承久の乱において東西の境がかわる。後鳥羽上皇に勝利した幕府は西国に多かった上皇方の公家や武士の所領約三千か所を没収し、幕府御家人を「新補地頭」として送り込んだ。さらに西国の統制機関として京都に六波羅探題を置いたが、その管轄範囲を「尾張・美濃・加賀から西」と定めた。西国の北端が加賀国となり、越中国は東国扱いに変わってしまった。弘長の相論は六波羅ではなく鎌倉の法廷で行われた。

だが、弘長の相論では、弘瀬郷における「新田」は、西国扱いのままだった。地頭定朝らは宝治二年の検注によって「新田」と登録された四町四反余について「藤原氏一族が開発したもので、地頭のもの」と主張した。頼朝が「新田は地頭の得分とする」と諸国に命じたというのがその根拠だった。

ところが、弘瀬郷では地頭が肝心の頼朝の下知状ないし下文を持っていなかったこともあって、幕府は「先例に基づいて、新田は領家に帰属する」と裁定した。東国と西国の狭間にある越中国の特異な地域性を示すことになった。

判決2「弘瀬郷新田事」

【原文】

（双方の主張）

右、如定朝等申者、於新田者、故右大将家御時、可為地頭得分之由、所被仰下諸国也、件田肆町余者、治承・建久両度検注以後、定直令開発荒野之間、先預所弁儆・定心等検注之時、不付取帳、就中可依先傍例之由、被載宝治御下知之間、当郷者、預所不相交之上、尋傍例之処、同前也、而預所重禅背御下知状、刈取作稲之条、狼籍（藉）之科難遁歟、作人等申状進之、先々預所交沙汰者、領家何可出乞状哉、宝治検注之時、不見新田者、不可遂本田実検之由、預所支申之間、付取帳之処、何背先例、可被結入目録哉云々。
如幸円申者、縦雖為新田、検注之時、載取帳之上、不蒙使免許者、争地頭可籠置之哉、況本田跡也、大(右脱)将家御下知事、不帯彼状之旨、被載宝治御下知畢、傍輩状事、私取進縁者等状之間、不足証拠、次刈田事、為所当沙汰、可令黙(点)定歟之由、雖申之、作人等依為地頭縁者、同下人不叙用之、刈取畢、預所不刈之条、見定朝所進作人等状云々。

（幕府の裁定）

爰如両方所進宝治二年七月日御下知状者、新田事、右大将家御時可為地頭分之由、被仰下諸国之上、開発之後経数十年之旨、定朝雖申之、不帯御下知状歟、随又国々之例、必不一様、且任先例、且依傍例、可致其沙汰云々、就此状、相互申子細之上、定朝等難取進傍輩状、所詮、不蒙検注使免許者、縦雖為新田、争地頭可令押妨哉、随又宝治検注之時、已被載取帳畢、然則停止地頭濫訴、早可因目録也焉。

【読み下し文】

（双方の主張）

右、定朝等申すごとくんば、「新田においては、故右大将家の御時、地頭得分たるべきの由、諸国に仰せ下さる所なり。件の田、四町余は治承・建久両度の検注以後、定直荒野を開発しむるの間、先の預所弁儆・定心ら検注の時、取帳を付けず。就中、先の傍例に依るべきの由、宝治の御下知に載せらるるの間、当郷は預所相交らざるの上、傍例を尋ぬるの処、先に同じなり。しかるに預所重禅御下知状に背き、作稲を刈り取るの条、狼藉の科隠れ難きか。作人等の申状、これを進む。先々の預所沙汰を交えば、領家何ぞ乞状《こつじょう》（＝願い状）を出すべけんや。宝治検注の時、新田を見ずんば本田実検を遂ぐべからざるの由、預所支え申すの間、取帳に付くるの処、何ぞ先例に背き、目録に結い入れらるべけんや」と云々。

幸円申すごとくんば、「たとい新田たりといえども、検注の時取帳に載するの上、使の免許を蒙らずんば、いかでか地頭これを籠め置くべけんや。いわんや本田跡なり。右大将家御下知の事、彼の状を帯せざるの旨、宝治の御下知に載せられおわんぬ。傍輩状の事、私に縁者等の状を取り進むるの間、証拠に足らず。次いで、刈田の事、所当（年貢）沙汰として、點定（点定）せしむべきの由、これを申すといえども、作人等地頭縁者たるにより、同下人これを叙用せず、刈取りおわんぬ。預所、刈らざるの条、定朝進る所の作人等の状に見ゆ」と云々。

（幕府の裁定）

ここに両方進むる所の宝治二年七月日御下知状の如くんば、「新田の事、右大将家の御時、地頭分たるべきの由諸国に仰せ下さるの上、開発の後数十年を経るの旨、定朝これを申すといえども、御下知状を帯びざるか。したがって又、国々の例、必ずしも一様ならず。かつ先例に任せ、かつ傍例により、その沙汰を致すべし」と云々。この状について、相互に子細を申すの上、定朝等傍輩の状取り進め難し。所詮、検注使の免許を蒙らずば、たとい、新田たりといえども、いかでか地頭押妨せしむべけんや。したがって又、宝治検注の時、すでに取帳に載せられおわんぬ。しかれば則ち地頭の濫訴を停止し、目録に因るべきなり。

【意訳】

一．弘瀬郷の新田の件

（双方の主張）

定朝が主張するには「故右大将家（源頼朝）の時に、新田は地頭の得分であると諸国に命じられた。件の四町余りの田（宝治の検注帳には新田が四町四反九十歩と記載されている）については、治承・建久両度の検注以後に定直が荒野を開発したもので、先の預所弁儆《べんよう》・定心らは検注の時、取帳に書き入れなかった。宝治の御下知状にも「従来からの慣例に従うべきである」と書かれている。実際、当郷の慣例を調べても預所が新田にかかわらないというのは、その通りであった。それなのに預所・重禅はその御下知状に背いて（新田の）作稲を刈り取った。無法の罪は逃れ難い。この件に関しては作人らが書いた上申書を提出する。先々の預所の沙汰を交えれば、領家はどうして乞状（乞索状＝他人に強要して無理やり書かせた文書のことか？）を出すことができるだろうか。宝治の検注の時は、（預所が）新田の部分も調査しなければ本田の実検も行えないというので、新田分も取帳に書き入れることにしたが、先例に背いてそれを目録に入れてよいものか」と訴えた。

これに対し幸円は「たとい新田であっても検注の時は取帳に載せた上で京下使（検注使）の認定を受けなければならない。どうして地頭がこれを隠しておくことができようか。まして本田の跡（が再開発されて新田になったもの）であればなおさらのことだ。右大将家の御下知のことに関しては、定朝らがその状を所有していなかったことが、宝治二年の御下知（裁許状）に記されている。傍輩縁者らが持っていた書状を集めて提出していただけなので、証拠というには不十分である」と反論した。さらに、「件の新田の稲を刈り取ったと定朝らが訴えているが、当方としては所当（年貢米）として点定《てんじょう》（＝領主が差し押さえること）すべきであると申しているにもかかわらず、作人らは地頭の縁者なのでその下人も当方の言い分を認めず、刈り取ってしまった。（地頭方の作人・下人がやったことで）預所が刈り取っていないことは、定朝の提出した作人等の状に見られるではないか」と述べた。

（幕府の裁定）

双方が提出した宝治二年七月の御下知状によると、「定朝は『右大将家の時に、新田は地頭分であると諸国に仰せ下された上に、件の新田は開発の後すでに数十年を経ている』と主張した。だが、定朝自身はその頼朝下知状を所持していなかった。したがって、国々の例は必ずしも一様ではなく、先例に任せ、あるいは慣習によって、その判断を行うべきである」と書かれている。この裁許状についてお互いに言い合っているが、定朝らの同輩の状はそれに代わる証拠として取り上げ難い。検注使の免許を受けなければ、たとい新田であっても、地頭が勝手に押領できるものではない。

しかも宝治検注の時、すでに（件の四町四反余のことが）取帳に記載されている。それ故、地頭はむやみな訴えをやめ、目録通りにすべきである。


【解説】

⑴判決1の主文にあったように、宝治二年にも領家と地頭との相論が発生し、七月にその裁許状が下知されていた。幸円と定朝はそれぞれその下知状を持っており、この弘長の相論の場に提出していたことがわかる。宝治二年の検注は七月以降に実施されたようだ。

⑵つまり、定朝らが主張した「頼朝が、新田は地頭分であると諸国に仰せ下された」ことは事実であったかもしれないが、越中の藤原氏の手元にその下知状（正式文書）が届いていなかった。それらしいことを書いた文書を同輩らから集めて宝治の法廷に提出したが、証拠とは認められなかった。富山県史によると、東国の荘園においては預所が新田部分を検注することはできなかった。その原則は熊野山領下総国匝瑳南条東方における暦仁元年（一二三八）の関東下知状に示され、文永九年（一二七二）の匝瑳南条西方で再

確認されているという。

(3)だが、弘瀬郷の宝治二年の下知状では「(新田の取り扱いについて)国々の例は必ずしも一様ではなく、先例に任せ、あるいは慣習によって、その判断を行うべきである」とされていた。幕府が自由にできる東国を除けば、新田の下地進止権が誰に属するかはそれぞれの地方で異なっていた。幕府はその実態を認め、先例や慣習が「道理」であり、道理に基づいた政治を行うことで朝廷から軽く見られないようにしたと思われる。弘瀬郷の先例では新田は地頭のものにはなっていなかった。

(4)西国では、荘園経営の根幹とされる検注権は引き続き領主側にあり、検注目録に新田と記載されればその時点で一定期間を経て公田に編入されるのが「先例」「慣習」だったようだ。新田をめぐる争いは判決８「苅取高宮村新田作稲由事」にも出てくる。

(5)ところで地頭の主張によると、「新田は治承・建久両度の検注以後に定直が荒野を開発したものだ」という。宝治二年(一二四八)の検注帳には田地面積五十一町余のうち新田は四町四反余となっており、全体の一割近い。治承(一一七七〜一一八一)の検注は何年に行われたか分からないが、建久は九年(一一九八)に実施された。つまり、それから宝治二年までの約七十〜五十年間に開墾され耕作できるようになった水田は一割弱しか増えていなかったことになる。弘瀬郷の荘園はかなり古い時代からおおよその形態が出来上がっていたのであろう。

一般的に中世社会(主に鎌倉期)の田地開墾スピードは停滞的であったといわれている。「平安中末期にみられる在地領主を中心とする開墾と、戦国期における大名権力を発動しての大規模開発と比べれば、数量的には問題にならないほど小規模だった」(「歴史公論第４巻第５号」の中の佐藤和彦氏の論文「荘園制と領主制」)という。

4　検注②～地頭名は十三町

新田の支配権を否定された地頭にとって確保すべきは「重松名」であった。重松というのは、弘瀬郷の中にある地頭分の名田の名称である。

宝治の検注の際、地頭が作成した取帳には「重松名十三町」と書かれていたが、預所が作成した取帳にはその記載がなかった。この食い違いをめぐって、地頭は宝治以前の承久の名丸（検注帳）を証拠として提出し「昔から重松名は十三町だったのだ」と陳述したのに対し、幸円は「宝治の取帳も承久の名丸も地頭が謀書（偽書）をつくったものだ」などと反論した。

判決3「重松名田数事」

【原文】

（双方の主張）

右、如幸円申者、地頭給田壱町・雑免壱町号重松名之条、見実検名丸、而宝治検注之時、定朝等不引里坪、掠申之間、重松陸町□取帳畢、遂終検注節、預所・地頭両方取帳読合之後、擬固目録之処、定朝注十三町、作人名字可結入目録之旨、雖申之、不能叙用、而自地頭方、号重松之由、進入筆取帳之条、其科難遁云々。

如定朝申者、当名自元為十三町之条、見先預所弁継承久二年名丸、壱町所当者伍石余也、而地頭名所当廿余石之条、見実憲陳状、於為雑免者、何可弁弐拾余石哉、宝治取帳事、自重松名取初之処、当名者、無其隠之間、注付下作人名字畢、時定分高宮者、検注之時、重松之由注付也、其外者不可有重松之旨、検注以後重禅令申之旨、承及之間、早可被注入也、於地頭方取帳者、注付之、読合之時、可持□由、□之処、□任意之由、重禅返答之間、注付之、持向之処、雖支申、遂読合畢、可被召問也、於構出謀書者、争可相触嫡人哉、而先問注之時、為存知可注給之旨、忠光申送之間、書遣案文畢、全非忠光入筆云々。

幸円申云、如弁継承久二年名丸者、建久九年実検之由載之、重松拾参町之旨、一切不載承久帳、構出謀書之間、前後不符合歟、号文書紛失之由、為雑掌詮用状者、不進之、如此構出謀書之条、無道也、実憲陳状事、未進、已以過分也、然者先年沙汰之時、未進相続之間、載其次第歟、宝治取帳読合者、宝治二年十一月十八日之□両方取帳一切可書入重松名之由、不申之、而同十二月廿四日可注入拾参町之由、地頭申送之間、為読合以後入筆之条、顕然也、就中先問注之時、定朝代官忠光始則称正帳之由、後亦為存知重松名員数、目安注付之旨申畢、而今所変詞也、宝治二年名寄・建長元年損亡注状進之、被召出地頭方同状者、入筆可令露顕也、其時一切無入筆、今書入之条、無異儀、証文顕然之間、何可被□哉云々。

定朝申云、建久九年検注帳者、実検使有兼上座□致非法、被破之由、載先段弁継状、為謀書否事、不及胸臆相論、類判進之、可被比校也、其上紙色経年序之条顕然也、随又云手跡、云判形、被召問弁儆者、無隠歟、実憲陳状事、顕然之上、不及別子細歟、宝治取帳事、十一月十八日読合之条、勿論也、同十二月廿四日注文者、読合以後重松事、重申送之処、給注文可令存知之旨、重禅度々申遣之間、為公事配分注遣畢、何可為読合以後証拠哉、名寄幷損亡注□被召問作人之由、令申之上、不及彼状沙汰歟、忠光申詞事、忠光可申云々。

忠光申云、正帳之由不申之、為存知注給之旨申畢、奉行人定令聞及歟云々。

幸円申云、忠光申詞者、奉行人等令聞之間、不及重申、弁継注文者、状文紕繆露顕之上、不能類判幷証人沙汰、書入重松名、至遂宝治取帳読合者、何号為公事配分、可召注文哉云々者、

（幕府の裁定）

承久二年名丸事、件注文上建久取帳田数雖令相違、如彼名丸者、以他名、引入重松名之旨、有所見之間、以

建久田数相違、無左右、難号有紕繆歟。
加之、定朝備進類判之上、可被尋弁儆之由令申之処、幸円遁申之間、旁以難処謀書。
次宝治取帳事、当郷内定朝分有重松之由、不載領家方取帳之処、定朝以後日書入重松名於自身取帳之条、頗
雖似自由所行、書入事、非預所免許者、何重松名御服所当之由、預所可出宝治・建長返抄哉之旨、定朝所申
非無子細歟。
爰就当時押領、納年貢之間、不足証拠之由、幸円令申之条、難被叙用歟、然則於定朝者、難処罪科。
次当名田数事、定朝帯承久名丸幷返抄之上、守先例、可引募也矣。

【読み下し文】

（双方の主張）

右、幸円申すごとくんば、「地頭給田一町・雑免一町（重松名と号す）の条、実検名丸に見ゆ。しかるに宝治検注の時、定朝ら里坪《りつぼ》を引かず、掠め申すの間、重松陸（六）町□取帳に注しおわんぬ。検注を遂げ終わりし節、預所・地頭両方の取帳読み合わせの後、目録を固めんと擬するの処、定朝十三町に作人の名字を注し、目録に結《ゆ》い入れるべきの旨、これを申すといえども、叙用あたわず。しかるに地頭方より、重松名と号するの由、入筆の取帳を進むるの条、その科、遁れ難し」と云々。

定朝申すごとくんば、「当名（田）、もとより十三町たるの条、先の預所弁継の承久二年の名丸に見ゆ。一町の所当は五石余なり。しかるに地頭名の所当二十余石の条、実憲の陳状に見ゆ。雑免たるにおいては、何ぞ二十余石を弁ずべけんや。宝治取帳のこと、重松名より取り初むるのところ、当名は、その隠れ無きの間、下作人の名字を注し付けおわんぬ。（高宮の）時定分は検注の時、重松の由注し付くるなり。その外は重松

有るべからざるの旨、検注以後重禅申さしむるの旨、承り及ぶの間、早く注し入れらるべきなり。地頭方取帳においては、これを注し付け、読み合わせの時、持ち向かうべきの由、申し送るの処、意に任す可きの由、重禅返答の間、これを注し付け、持ち向かうの処、支え申すといえども、読み合わせを遂げおわんぬ。召し問わるべきなり。謀書を構え出すにおいては、いかでか嫡人（跡とり）に相触るべけんや。しかるに先の問注の時、存知のため注し給うべきの旨、忠光申し送るの間、案文を書き遣わしおわんぬ。全く忠光の入筆に非ず」と云々。

幸円申していわく、「弁継の承久二年の名丸のごとくんば、建久九年の実検の由これを載す。重松十三町の旨、一切承久の帳に載せず。謀書を構え出すの間、前後符合せざるか。文書紛失の由を号し、雑掌として詮用状はこれを進めず。かくのごとく謀書を構え出すの条、無道なり。実憲陳状のこと、未進、すでにもって過分なり。しかれば先年沙汰の時、未進相続くの間、その次第を載するか。宝治取帳の読み合せは、宝治二年十一月十八日の□、両方取帳一切重松名を書き入るべきの由、これを申さず。しかるに同十二月二十四日、十三町を注し入るべきの由、地頭申し送るの間、読合せ以後の入筆たるの条、顕然たり。なかんずく、先の問注の時、定朝の代官忠光始め則ち正帳の由と称し、後にまた存知のため、重松名員数目安注し付くるの旨、申しおわんぬ。しかるに今詞を変ずる所なり。宝治二年の名寄・建長元年損亡の注状これを進む。地頭方の同状を召し出されば、入筆露顕せしむべきなり。その時一切入筆なし。今、書き入るるの条、異儀なし。証文顕然の間、何ぞ□せらるべけんや」と云々。

定朝申していわく、「建久九年の検注帳は、実検使有兼上座□非法を致し、破らるるの由、先段の弁継の状に載す。謀書たるや否やの事、胸臆の相論に及ばず。類判これを進む。比校せらるべきなり。その上、紙色年序を経るの条顕然なり。随って又手跡といい、判形といい、弁儆を召し問われば、隠れ無きか。実憲陳状の事、顕然の上、別の子細に及ばざるか。宝治取帳の事、十一月十八日読合せの条、勿論なり。同十二月二十四日の注文は、読合せ以後、重松の事重ねて申し送るの処、注文を給わり、存知せしむべきの旨、重禅にたびたび申し遣わすの間、公事配分のため注し遣わしおわんぬ。何ぞ読合せ以後の証拠たるべけんや。名寄ならびに損亡注□作人を召し問わるるの由申さしむるの上、彼の状沙汰に及ばざるか。忠光申す詞の事、忠光、申すべし」と云々。

忠光申していわく「正帳の由、これを申さず。存知のためこれを注すの旨申しおわんぬ。奉行人定めて聞き及ばしむるか」と云々。

幸円申していわく、「忠光申す詞は奉行人ら、これを聞かしむるの間、重ねて申すに及ばず。弁継の注文は、状文の紕繆露顕するの上、類判ならびに証人沙汰あたわず。重松名を書き入れ、宝治取帳の読合せを遂ぐるに至りては、何ぞ公事配分のためと号し、注文を召すべけんや」と云々てえれば、

(幕府の裁定)

承久二年名丸の事、件の注文上、建久取帳の田数、相違せしむるといえども、彼の名丸の如くんば、他名をもって、重松名に引き入るるの旨、所見有るの間、建久田数の相違をもって左右なく紕繆ありと号す難きか。

しかのみならず、定朝、類判を備進するの上、弁儆に尋ねらるべきの由申さしむるのところ、幸円遁れ申すの間、かたがたもって謀書に処し難し。

次いで宝治取帳の事、当郷内定朝分重松有るの由、領家方の取帳に書き載せざるのところ、定朝後日をもって重松名を自身の取帳に書き入るるの条、すこぶる自由の所行に似たるといえども、書き入るるの事、預所の免許にあらずんば、何ぞ重松名御服所当の由、預所宝治建長の返抄を出すべけんやの旨、定朝申す所子細

なきにあらざるか。
ここに当時の押領について、年貢を納むるの間、証拠に足らざるの由幸円申さしむるの条、叙用せられ難きか。然れば則ち、定朝においては罪科に処し難し。
次いで、当名田数の事、定朝、承久名丸並びに返抄を帯するの上は、先例を守り、引き募るべきなり。

【意訳】

一・「重松名」の田地面積の件

(双方の主張)

右の件について、幸円は「地頭の給田一町および重松名と名付けられた雑事免田一町のことが建久九年(一一九八)の実検帳に見られる。しかし、宝治二年(一二四八)に行われた検注の時、定朝らは里坪を引かず(実測をせず)、よその田を盗みとって、自分らの名田である重松名として六町分を取帳に書き入れた。そして検注が終了し、預所と地頭が双方の取帳の読み合わせを行って『目録』を作成しようとした際、定朝方は十三町分に作人の名字を書き入れ、これを目録に載せるべきだと言ってきたが、その申し入れは採用(書き入れ)されなかった。それなのに地頭の方があとから重松名と入筆した取帳を(法廷に)提出してきた。偽書をつくった罪は逃れ難い」と主張した。

定朝は「重松名はもともと十三町であり、先の預所弁継が立ち会った承久二年(一二二〇)の名丸にそう書いてある。(幸円は建久九年の実検帳で地頭に与えられた雑事免田が一町だったといっているが)一町の所当(年貢米)は五石余である。しかるに地頭名の所当は二十余石との記述が(当時の預所である)実憲の陳状に見える。雑免一町であるのに、どうして二十余石ということになるのであろうか。宝治取帳に関しては、まず重松名から調査し始めたが、地頭分の名田は、どこだかはっきりしていることなので、いちいち重松名とは記さずに下作人の名字だけを記入しておいた。ただし、高宮村の地頭藤原時定の分についてだけは検注の時に『重松』と注記しておいた。ところが、検注作業が終わった後に、預所重禅が『高宮村以外の場所に重松名はない』と言っていると聞きつけたので、早く高宮村以外の（弘瀬郷西方と東方にある）重松名にもそう書き入れる必要がある、と思い、まず地頭の取帳にそれを書き入れたうえで、（検注後に行う）読み合わせの時に持っていくと申し伝えた。これに対して、重禅がわかったと返答してきたので、地頭方がつくった取帳を読み合せの場に持参したところ、重禅が（重松名のことは）わかっていると言っていたので、そのまま読み合わせを終えた。こうした事情のことは、関係者を呼び出して尋問すればわかることである」と主張した。さらに、地頭方が偽の取帳をつくり出したといっているが、どうしてそんなことに嫡人（跡取り）をかかわらせることがあろうか。先の（宝治の）問注の時、定朝の代官（として派遣した嫡男の）忠光には、取帳の内容を明確にするために重松名と書き入れたのだと申し伝え、案文を書いたうえで（問注所に）持って行かせた。忠光自身が入筆したものではない」と述べた。

一方幸円は「弁継の承久二年の名丸には建久九年の実検のことが記されている。しかし、重松十三町のことは一切載っていない。地頭方は偽書をつくったので、前後が符合していないのだろう。文書を紛失したといって、雑掌（荘官）として作成すべき詮用状（＝算用状＝年間収支決算書）を提出していない。このように偽書をつくり出すというのは言語道断である。実憲陳状の件については、地頭からの所当の未進分がたまっていたという実情を、先年の沙汰の時に記したものではないか。また、宝治取帳の読み合わせに関しては、宝治二年十一月十八日の読合せの時には、地頭方が、両方（預所と地頭がそれぞれ作成した）の取帳にすべての重松名を書き入れるべきだとは言わなかった。それなのに同年十二月二十四日になって、十三町を記入すべきだと言ってきたので、読合せ以後の書き入れであることは明白だ。先の（宝治の）問注の時に、定朝の代官忠光は始め正帳であると称していたのに、その後に重松名の田数やその場所について記入するよう言ってきた。そして今また（弘長の法廷で）言葉を変えて（嘘をついて）いる。宝治二年の名寄帳と建長元年（一二四九）にまとめた作人の損亡に関する領家側の書状を提出するので、地頭方にも同状を提出させれば入筆の事実がはっきりするだろう。当時には一切入筆がなくて、今、書き入れたのに間違いはない。証文がはっきりしているので、裁定を下す必要もない」と主張した。

これに対して定朝は、「建久九年の検注帳について、実検使の有兼主座が非法を行い破棄したと先段の弁継の状に記されている。（地頭方が提出した承久二年の名丸が偽書であると幸円は言っているが）偽書か否かは単なる憶測に過ぎない。よく似た判を提出するので、比較して調べるべきである。その上で、紙の色をみれば年月が経っていることが明らかである。その上、手跡といい、判形といい、（当時のことをよく知っている預所の）弁僘を召し問われたらはっきりするのではないか。また、実憲の陳状は書いてある通りの明確なものであり、特別の事情を考える必要はない。さらに、宝治取帳の事については、十一月十八日に読み合せをしたことは勿論である。同十二月二十四日に注文をつけたのは、読合せ以後、重松名の事が全部記入されていないので重ねて申し送ったのだ。重禅には何度も申し遣わしており、公事の配分などの荘務を行う際にも必要だった。どうして読み合せ以後に書き入れたという証拠になるのだろうか。作人の名寄せや損亡に関する書き入れについては、作人に聞けば分かることで、ここで問題にする必要はない。また、（宝治の法廷で、私の）代理人忠光がどう言ったかは忠光本人に訊いてもらえばいい」と述べた。

忠光はこれに関し（裁判所に対して）「正帳うんぬんの事、私は何も言っていない。重松名のことがはっきり分かるよう記入したとは申し上げた。裁判の場にいた奉行人（引付の役人）に聞いてもらえばわかるはずだ」と証言した。

幸円は「忠光が申した言葉は奉行人らが聞いたことなので、（それをきいてもらえば）、こちらから重ねて言うまでもない。弁継の書状には間違いのあることが露顕しており、類似の判や証人による裁定をしようとしても意味はない。そもそも重松名と書き入れた上で宝治取帳の読み合せを行ったというのであれば、どうして公事の配分をするためといって、（新たに）書き入れを要求してくる必要があろうか」と述べた。以上のことから判断して、

（幕府の裁定）

承久二年の名丸については、建久取帳の田数と違っているけれども、他名をもって重松名に引き入れたという見解もあるので、建久の時の田数との相違をもってそのまま誤謬があるとは言い難い。

これに加え、（承久の名丸について）定朝が類判を提出して、弁儆に〈本物かどうか〉尋ねるべきだと申したところ、幸円が言い遁れている（弁儆の証言を拒んでいる）ので、偽書とすることはできない。

次に宝治取帳の件であるが、当郷内に定朝分として重松名があることについて、領家方の取帳に記載がなく、定朝が後になって自分がつくった取帳に書き入れたことは、大変勝手な行動のようではあるが、書き入れたという行為は、預所の許可がなくてはできないことであり、どうして重松名や御服綿の年貢に関して、預所が宝治・建長の返抄（領収証などの証明書）を出すことができたのかと、定朝が申していることはその通りである。

また、当時、田地を押領（して重松名に）したかどうかについては、年貢が納められているので証拠が足りないと幸円（自ら）申しているので、取り上げない。

よって定朝の罪科を問うことはできない。重松名の田数のことは、定朝が承久の名丸ならびに返抄を持っ

ているので、先例に従い、それを守り続けるべきである。

【解説】

⑴判決を下すポイントは検注帳の判定にあったと思われる。そもそも検注帳（取帳）は二部作成されるのが一般的で、一部は荘官（地頭も荘官である）が在地での荘務のために用い、もう一部は荘園領主が年貢・公事の徴収の際に用いた。弘瀬郷では預所と地頭が持っていた取帳の内容に違いがあり、そこを突いて幸円は重松名を削減ないし無かったことにしようとしたが、判決では地頭の言い分が認められた。

⑵両者の主張が段落や句読点がなく、しかも長期間に発生した出来事が混合して記載されている。建久、承久、宝治の各検注（帳）について双方の言い分と幕府の採決内容をまとめてみた。

①建久九年（一一九八）の実検帳。検注担当者は実検使有兼上座。（弘長の法廷には証拠として提出されていない模様）

（預）地頭の給田一町、雑免田一町と書いてある。

（地）預所弁継の状に「建久の実検帳は有兼上座が破棄した」と書いてある。その直後に当たる正治の時代（一一九九〜一二〇一）の預所実憲の書状に「地頭の所当（年貢）は二十余石」とあるが、一町の所当は五石余であり、もし地頭の雑免田（重松名のこと）が一町しかなかったとすれば計算が合わないではないか」と指摘した。

（裁）この実検帳のことは（証拠書類として提出されなかったようで）判決材料にはしていない。

②承久二年（一二二〇）の名丸。検注担当者は預所弁継。（地頭が証拠として提出）

（地）重松名十三町と書いてある。

（預）この名丸は建久九年の実検結果を引き継いでおり、重松名十三町とは書いてない。地頭提出の名丸は偽書である。宝治の法廷で定朝代理の忠光が十三町と書き入れてきた。

（地）偽書かどうかは、提出する類判などで判断してほしい。昔のことを知っている当時の預所弁儆に事情を聞くべきだ。

（裁決）建久取帳より重松名田数が増えたのは、その後、他名を引き入れた可能性がある。地頭提出の名丸は信憑性が高い。幸円が弁儆の証言を拒んでいるのもおかしい。

③宝治二年（一二四八）の名寄（実検目録）。預所重禅と地頭定朝が立ち会って検注を実施。（両者それぞれ証拠提出）

（預）十一月十八日に行った読み合わせの際に地頭は重松名のことを両方の取帳に書き入れるべきだとはいわなかったのに、十二月二十四日になって「十三町を記入すべき」といってきた。地頭方の取帳は偽書だ。

（地）取帳段階では高宮六町分だけ重松名とし、他の重松名は作人名だけ記入しておいた。十一月の読み合わせ段階で七町分の追加訂正を要請したはずだが、そうなっていなかったので十二月に改めて注文を付けたうえで（地頭方取帳には）十三町と注記しておいた。（これが記入されていないと、その後の）公事の配分作業ができなかった。

（判決）地頭が後日に書き入れたとしても、預所の許可がないとできないことだ。地頭が持っている承久の名丸と返抄を（証拠と認めるので、それを）守り続けるべきだ。

⑶この判決内容からは、①建久の実験帳の実物は実検使が破棄したようで、幸円が主張するその内容を裁判所は信用していない。②地頭が提出した承久の名丸が「本物」と認められ、ここに記入があった十三町が決定的証拠になった。

(4)「実憲」という人名が出てくる行《くだり》が二カ所ある。実憲は判決5「加徴事」によって正治の時代（一一九九～一二〇一）の預所であることがあとでわかる。

(5)もう一点気になるのは、定朝が建久九年（一一九八）の検注帳について「実検使の有兼主座が非法を行い破棄したと先段の弁継の状に記されている」と述べていることだ。弘瀬郷における過去四回の検注のうち建久のものが「正検」であり、他は臨時の「内検」だった可能性が高い。建久だけは領家仁和寺が京都から有兼上座と呼ぶ正規の実検使を派遣していることからもそれがわかる。ところがその実検使が自ら実施した検注帳を破棄したというのはどういうことか。

建久九年といえば頼朝が征夷大将軍になって七年目。十二月に頼朝は相模国で落馬し致命傷を負っているが、この年に検注が行われたとしたら、正に頼朝の絶頂期に仁和寺が越中国に実検使を送っていたことになる。破棄したという行為に何か政治的な意味があったかもしれないとみるのは考え過ぎだろうか。

5 地頭の権利～御服綿と加徴米～

弘瀬郷の藤原氏が、領家補任の荘官から幕府補任の御家人地頭になって獲得した新たな権限とは何だったのだろうか。新田の支配権こそ領家に渡ったものの、地頭が下地進止権を持つ重松名という根拠地十三町を確保できた。

弘瀬郷の年貢は米（所当）と御服綿の二本立てが基本となっていた。地頭は重松名から既定量の年貢を領家に納めなければならなかったが、重松名内で個々の作人らに課す（年貢の）量は自分で決定できた。それは下地進止権を持つことの証であり、その例を御服綿についての裁判でみることができる。

また、地頭は荘園内の公田のすべてに「加徴米」を課す権利を得た。加徴とは、年貢米に「追加して徴収する」という意味であり、地頭は一反当たり五升の米を自分のものにできた。加徴米制度は承久の乱後の新補率法によって定められたとされるが、弘瀬郷ではそれ以前から地頭が徴収していたことがこの裁判でわかる。ただし、地頭の勝手な徴収はこの裁判によって戒められた。

判決4「御服綿事」

【原文】

(双方の主張)

右、如幸円申者、件綿者、弁伍段別壱両之条、先例也、而定朝押領公田等、責取参段別壱両、令進五段別壱両於領家云々。

如定朝申者、重松名拾参町内公田者、進止下地之間、有限領家方御服無懈怠、依為自名内之沙汰者、何預所可支申哉云々者、

(幕府の裁定)

於地頭自名者、有限年貢無懈怠者、内々沙汰之趣、不及預所訴訟矣。

【読み下し文】

(双方の主張)

右、幸円申すごとくんば、「件の綿は、五反別一両を弁ずるの条、先例なり。しかるに定朝公田等を押領し、三反別一両を責め取り、五反別一両を領家に進めしむる」と云々。

定朝申す如くんば、「重松名十三町の内、公田は下地を進止するの間、限りある領家方御服懈怠なし。自名内たるによるの沙汰は、何ぞ預所支え申すべけんや」と云々てえれば、

(幕府の裁定)

地頭の自名においては限りある年貢懈怠なくんば、内々沙汰の趣、預所訴訟に及ばず。

【意訳】

一・御服綿の件

(双方の主張)

幸円は「御服綿は田地五反につき一両を納めるのが先例になっている。ところが、定朝は公田等を押領し、三反毎に一両を徴収し、五反につき一両の割合で領家に進納して(余分に徴収した分を自分の収入にして)いる」と訴えた。

これに対して定朝は「重松名十三町の内、公田は地頭が下地を進止しているので、領家に対して御服綿の納入を怠ってさえいなければ、自名内のことについて預所から口出しされることはないはずだ」と述べた。

(幕府の裁定)

地頭は自名内の定められた年貢を怠りなく納めているので、預所が訴訟を起こすまでもない。

【解説】

(1)弘瀬郷では綿の生産が広く行われており、御服綿が年貢に組み込まれていた。綿《わた》といえば現代では通常木綿を意味するが、古代や中世では蚕の繭から作られた絹の真綿のことをいっていた。繭を直接引き延ばし

てつくる。ふとんや防寒衣料として、あるいは良質のものであれば糸に紡いで貴人たちの着物の原料なっていたのかもしれない。蚕を飼うのに必要な桑の栽培も広く行われていたことがわかる。

(2)弘瀬郷では御服綿の年貢率は田地五反に付き一両と決められていた。代銭納が一般的だったのであろう。幸円は「地頭は十三町の地頭名の内、公田（年貢の対象となる田）から三反に一両ずつ徴収しておいて、領家へは規定通り進納し、差額を自分の収入にしている」と訴えた。

(3)定朝等は「領家方にきちんと納めているのだから、文句を言われる筋合いはない。自名内のことは自分で沙汰する」と主張した。この判決は単に「綿の年貢があった」ことがわかるだけでなく、地頭名田の下地進止権が地頭にあることを認めたもので、重松名は「地頭の領地」といった意味合いでとらえられていたとみることができる。

判決5「加徴事」

【原文】

（双方の主張）

右、如朝定申者、領家佃家壱町者、自元、不取加徴、於預所給田弐町者、自往古、取地頭加徴壱段別壱斗之処、宝治検注之後、令抑留云々。

如幸円申者、承久以前者地頭不取公田加徴、元久御教書者、所隠持也、況於領家佃・預所給田哉、其上無傍例歟、但、自領家佃・預所給田、可取地頭加徴者、自地頭給田、可弁領家方御服所当歟、就中領家佃参町壱段参佰歩之条、見正治目録、何其内壱町之外、可取加徴哉、預所給田弐町・千手丸弐町者、為往古除田之間、一切不取加徴云々。

定朝申云、公田加徴事、元久御教書一切不隠置之、領家佃壱町・地頭給壱町者、自元、被載目録之間、相互無課役沙汰、預所給壱町并所残者、雖為往古除田、為領家坊人等給恩之間、取地頭加徴事、先例也、正治状者、地頭不加判之、領家方所当散用状也、随又件状者、為高（ママ）取之間、郷民等依令逃散、実憲為新補預所、入部之後、免除段別小之時、所定置領家佃壱町也、参町事、不承及之、但、地頭方雑文書者紛失之間、不備進之云々。

幸円申云、定朝者以口臆之詞構申不実、幸円者進証文、只仰上裁、雖有地頭之号、不相交所務之間、不加判形於取帳云々者、

（幕府の裁定）

承久以前地頭不取公田加徴之由、幸円雖申之、如定朝等所進元久二年二月五日御下知状者、可取件加徴之条、無異儀。

次領家佃員数事、破正治取帳目録之由、不帯証文、定朝等濫妨之条、無其謂、任彼状、可引募也。

次同佃内弐町余并預所及千手丸給田等事、為往古除田之処、可取加徴之由、定朝等令申之条、過分所行也、早可令停止彼濫妨矣。

【読み下し文】

（双方の主張）

右、定朝（朝定は間違い）申すごとくんば、「領家佃一町は、元より加徴を取らず。預所給田二町においては、往古より地頭加徴を取る（＝一段別一斗）の処、宝治検注の後、抑留せしむ」と云々。

幸円申すごとくんば、「承久以前、地頭は公田から加徴を取らず。元久御教書は隠し持つ所なり。況や領家佃・預所給田においてをや。その上傍例なきか。但し、領家佃・預所給田より、地頭加徴を取るべくんば、

地頭給田より、領家方御服所当を弁ずべきか。就中、領家佃三町一段三百歩の条、正治目録に見ゆ。何ぞ其の内一町の外、加徴を取るべけんや。預所給田二町、千手丸二町は、往古の除田たるの間、一切加徴を取らず」と云々。

定朝申していわく、「公田加徴の事、元久御教書一切これを隠し置かず。領家佃一町・地頭給（田）一町は、元より目録に載せらるるの間、相互に課役沙汰無し。預所給（田）一町ならびに残る所は、往古の除田たりといえども、領家坊人等の給恩たるの間、地頭加徴を取る事、先例なり。正治の状は、地頭これに加判せず。領家方の所当散用状なり。随って又件の状は、高取《ママ》たるの間、郷民等逃散志しむるに依り、実憲新補の預所として入部の後、段別小を免除するの時、領家佃一町を定め置く所なり。三町の事、これを承り及ばず。但し、地頭方雑文書は紛失の間、これを備進せず」と云々。

幸円申していわく、「定朝は口臆《こうおく》の詞をもって、不実を構え申す。幸円は証文を進め、ただ上裁を仰ぐ。地頭の号ありといえども、所務を相交えざるの間、判形《はんぎょう》を取帳に加えず」と云々てえれば、

（幕府の裁定）

承久以前の地頭は公田の加徴を取らざるの由、幸円これを申すといえども、定朝等の進むる所の元久二年二月五日御下知状のごとくんば、件の加徴を取るべきの条、異儀なし。

次いで領家佃員数の事、正治取帳目録を破るの由、証文を帯さず。定朝等濫妨の条、其の謂れなし。彼の状に任せ、引き募るべきなり。

次いで同佃内二町余ならびに預所及び千手丸給田等の事、往古の除田たるの所、加徴を取るべきの由、定朝等申さしむるの条、過分の所行なり。早く彼の濫妨と停止せしむべし。

【意訳】

一・加徴米の件

(双方の主張)

右の件について定朝は「領家の佃(直営田)一町からはもともと加徴を取っていない。預所の給田二町については昔から地頭は一反につき一斗の加徴を取っていたが、宝治の検注以後は預所が抑留(払わないままに)している」と述べた。

幸円は「承久以前は、地頭が公田(領主が年貢徴収単位とした田地)から加徴を取るようなことはなかった。地頭は元久の御教書(おそらく判決1における文書L)を隠し持っており、ましてや領家の佃や預所の給田から加徴を取るなどというのはどこにもないことだ。地頭が領家の佃や預所の給田から加徴を取るというのであれば、逆に地頭の給田から御服綿の所当を領家に支払うべきではないか。とりわけ領家の佃は三町一段三百歩と正治(一一九九~一二〇一)の目録に書いてある。それなのにどうして領家佃は一町だといって残りの田地から加徴を取ろうとするのか。預所の給田二町と千手丸二町(の計四町)も昔からの除田であり、加徴などは一切なかったはずだ」と反論した。

定朝は「公田の加徴について元久の御教書を隠していたということはない。領家の佃一町と地頭の給田一町は、もとより目録に載せられており(この目録と預所がいっている正治の目録とは別のものと思われる)、お互いに課役をかけないことになっている。これに対して預所の給田一町ならびに残りの田は、昔からの除田であっても、もともとは領家の房人等に恩給として与えられたもので、地頭が加徴を取るのが先例である。また正治の状というのは、地頭が判を押しておらず、責任の取りようがない。正治の状とは領家方でつくった年貢の散用状(領主側と現地の荘官の間で交わされた年貢・公事の年間収支決算報告書)である。この状は、（当時年貢を）高く取り過ぎていたので、郷民らが逃散してしまい、実憲という新任の預所が入部した後、一反あたり「小」（一反＝三百六十歩の三分の一）を免除し、その際領家の佃が一町と定められたものである。領家佃が三町あったとは聞いていない。ただし、地頭方ではこれらのことについての文書類を紛失しており進上できない」と述べた。

幸円は「定朝は口先ばかりで事実でないことを申している。幸円は証文を提出したうえで幕府の裁決を仰いでいる。（今は）地頭という名がついているが、（当時）彼らは弘瀬郷における所務（＝所領経営）に携わることがなかったので、取帳に判形を加えることもなかったのだ」と述べた。以上のことから、

（幕府の裁定）

承久以前の地頭は公田から加徴を取らなかったと幸円が申しているが、定朝等が提出した元久二年二月五日の下知状（文書L）にある通り、地頭に加徴を取る権利があったと認める。

次に領家佃の面積については、地頭方は正治の取帳目録を破ったとしてその証文として持っていなかった。定朝等が乱暴を働いたと言っているが、その謂れはない。ただし、幸円側が提出した正治の状は正当なものであり、（領家佃が三町一段三百歩あったという幸円の）主張は認めるべきである。

次に領家の佃の内二町余りと預所および千手丸給田等について、定朝等は「昔からの除田であったとしても（もともとは恩寵の地であったので）加徴を取っているのだ」と申しているが、それはやはり過ぎた行為だ。乱暴はすぐに停止すべきである。

【解説】

⑴加徴米は正規の年貢に「加えて徴収」するもので、基本的には年貢対象となる公田に賦課された。承久の

乱後の新補率法では、新任地頭の得分として公田の一反当り五升の加徴米が認められた。ただし、これはあくまでも承久以前の、加徴に関する先例のない土地に対して定められたもので、昔の先例があればそれに従った。

⑵幸円の主張は、①承久以前は、地頭は公田から加徴を取ることはなかった（のに実際は徴取している）②ましてや除田である領家の佃や預所の給田から加徴をとるのは言語道断である、というもの。幸円によると、「そもそも領家佃は三町一反三百歩、預所給田は四町（京下使二町プラス千手丸二町）である。それは宝治二年（一二四八）の検注帳に記載されているだけでなく、正治の時代（一一九九～一二〇一）に作成された取帳目録にも書かれている。これらの除田から加徴を取る権利は地頭にはない」と訴えた。

⑶これに対して定朝は「領家佃は一町しかない。預所給田といってもそれは全て領家から賜ったもので除田とは認められない。正治の目録といっても（検地に基づくものではなく）、領家がつくった単なる収支決算書である」などといって反論した。つまり、領家佃と預所給田の面積そのものの認識が両者でかみ合っていない。なぜこんなことが発生したかと考えると、まず両者が持っている土地台帳が別物であり、さらに、地頭が加徴を取るのに領家や預所を介してではなく、佃や給田の耕作者（名主や作人）から直接集めていたからなのではないか。

⑷判決の結果、幸円の①の主張について、裁判所は「承久以前にも地頭の加徴徴収権はあった」と地頭の主張を認めた。その証拠となったのが元久二年の下知状（おそらく御教書Lのこと）であり、藤原氏一族に地頭職と公文職を安堵したこの文書によって、加徴の徴取権を幕府から認められていたことがわかる。この文書こそ藤原氏にとって「職と身分」が保証された最重要公文書であった。一方、②については幸円の主張が正しいとされた。幸円が提出した「正治の目録」なるものを証拠として認めたからで、領家佃三町

一反三百歩、預所給田四町から加徴をとることはまかりならぬ、ということになった。

(5)ところで、ここで幸円のいう「正治の取帳目録」とされたものは何であったか。先に建久九年（一一九八）に京から来た実検使が正検を行った（ただしすぐ破棄した）ことが分かっているが、それは年号が正治（一一九九〜一二〇一）に変わる直前に当たる。こんな短期間に検注を二度も実施したとは考えられないので、破棄された建久取帳の数字（田地面積）を領家側が記録しており、年貢の収支決算に使っていた。それが幸円のいう「正治取帳目録」の実体だったのではないか。

(6)この判決には、正治年代に領家が年貢率を高くし過ぎて荘民が逃亡したという話が出てくる。預所がクビを切られ、新たに就任した実憲という預所が一反当たり「小」を減免したという。「小」というのが田地百二十歩のことだとすれば、その分を無税地と計算して減免したのであろう。ただし、地頭はその当時の証文の類は持ち合わせていなかった。それは当然のことで、正治年代には弘瀬郷の荘官藤原定直はまだ地頭にはなっていない。預所によると「荘園経営に参加する資格のなかった藤原氏が書類に判を押しているはずがない」といい、裁判所も預所の言い分を認めた。

6　領地争い①〜柿谷寺と千手堂の争奪戦

弘長の相論のハイライトともいえる「柿谷寺および千手堂の争奪戦」は、お互いの居住地と領地の水利権にかかわる、激しい闘いだった。

藤原一族にとって柿谷寺は初代定綱が建てた氏寺であり、二代定澄が住まいとし、四代定茂が院主職を息子の僧良清に譲るなど、墓所も営んで代々引き継いできた。これに対し、幸円は「ここはかの泰澄大師が建立した白山修験道の末寺であり、医王山（藤峯）の一宿として北陸道の山伏が宿坊としてきた。数百年の歴史があり、院主職は代々領家が進止してきた」と真っ向から対立した。

柿谷寺は医王山麓にある現在の「舘の神明社」と比定される。当時「若宮」と呼ばれた神社と一体化し、郷内最大の神田二町をかかえた神仏習合の拠点であった。（近年、神明社の裏の小高い山の上に「若宮」跡と思われる遺跡が発見された。現在小山地内にある若宮神社は旧若宮が移設されたものとみられる。）

柿谷寺の後方の医王山山麓には、後年佐々成政にちなんで「槍の先」と名付けられた大量の水が湧き出る場所がある。その水が柿谷寺の横を通って明神川に流れ出ているわけだが、今その地を詳しく調べてみると、明神川以外のいくつかの用水に分流され、舘・小山・竹内方面への供給拠点になっていることがわかる。

そして明神川が平野部に数百㍍出たところに千手堂という草堂があった。ここも水争いの重要拠点であり、地頭と領家はこの地の進止権についても争った。地頭側の僧明鑒が柿谷寺の院主だった時代に、弟子たちが千手堂内で四一半というサイコロ博打をうち、これを預所幸円がとがめて検断した。当時荘園内における検断権（警察・検察・裁判権）は領主、地頭のいずれにもあったとみられるが、幸円はこの事件をきっかけに柿谷寺に住み込み、領家の政所を置いた。

だが、事はそれで収まらず、地頭の奪回劇が展開される……。この争奪戦の模様は第三章１項までご参照いただきたい。

判決6「柿谷寺事」

【原文】

（双方の主張）

右、如定朝申者、先祖定綱建立之間、子息定澄卜屋敷於当寺之上、有墓所、預所者不卜墓所、為代々氏寺之間、定茂以院主職幷神田、譲与子息僧良清畢、但、院主初任之時、如形、引進見参料於預所之外、全以預所

中世の跡「柿谷寺」跡
南砺市館の神明社

中世の「若宮」跡
上の神明社の裏山　小祠が崩壊している

中世の「千手堂」跡

不相交之処、当預所押居坊舎、令張行地頭建立寺者、預所不相交之条、傍例証文進之云々。

如幸円申者、為泰澄大師建立之間、経数百歳星霜畢、何定綱造立之由、可掠申哉、為白山末寺之上、藤峯一宿也、院主職者、代々領家進止之間、預所令居住畢云々。

定朝申云、雖為私建立、北陸道之習山臥通峯之時、依便宜、令定于宿者先例也、然者当時雖為医王山一宿、何非地頭進止哉云々。

幸円申云、医王山一宿之由承伏之上、勿論也云々者、

（幕府の裁定）

地頭建立歟、将又為預所進退否、共以無指証拠歟、然則被尋問庄家可有左右焉。


【読み下し文】

（双方の主張）

右、定朝の申す如くんば、「先祖定綱建立の間、子息定澄、当寺に於いて屋敷をトするの上、墓所あり。預所は墓所をトさず。代々氏寺たるの間、定茂、院主職ならびに神田をもって、子息、僧良清に譲与しおわんぬ。但し、院主初任の時、形の如く、見参料を預所に引き進むるの外、全く以て預所、相交わらざるの処、当預所坊舎に押居し、地頭建立の寺を張行せしむるは、預所相交わらざるの条、傍例、証文これを進む」と云々。

幸円申す如くんば「泰澄大師建立たるの間、数百歳の星霜を経りおわんぬ。何ぞ定綱、造立の由、掠め申すべけんや。白山末寺たるの上、藤峯の一宿なり。院主職は代々進止の間、預所居住せしめおわんぬ」と云々。

定朝申していわく、「私の建立たりといえども、北陸道の習い、山伏通峯の時、便宜により宿に定めしむ

るは先例なり。しかれば当時、医王山の一宿たりといえども、何ぞ地頭進止にあらざらんや」と云々。

幸円申していわく、「医王山一宿の由、承伏の上、勿論なり」云々てえれば、

（幕府の裁定）

地頭建立か、はたまた預所進退たるや否や、共に以てさしたる証拠なきか。然れば則ち庄家に尋ね問われ、左右あるべし。

【意訳】

一．柿谷寺の件

（双方の主張）

右の件について定朝は「柿谷寺は先祖の藤原定綱が建立した寺で、子息定澄がこの寺に屋敷を建てたうえ、墓所もある。預所は墓所もない。代々藤原一族の氏寺である。定茂の代に院主職《いんじゅ》と神田を息子の僧良清に譲与した。院主がその任についた時には、形式的に、見参料（礼銭）を預所に進上したが、それ以外に預所とは何の関係もなかったのに、幸円は柿谷寺の坊舎に強引に住みついて、地頭が建立した寺を好きなように扱っている。預所と柿谷寺とはかかわりがない、との傍例証文を提出する」と訴えた。

これに対し幸円は「泰澄大師が柿谷寺を建立してから、数百年の年月が経っている。それなのにどうして定綱が建てたといって押領するのだろうか。柿谷寺は白山末寺であるうえ、藤峯（医王山）の一宿でもある。院主職は代々領家が進止しており、預所が住まいにしているのだ」と主張した。

定朝は「氏寺として建てたものであるが、北陸道の習いとして、山伏が通峯する時は便宜を図り、彼らの宿坊とするのは昔からの習慣である。それ故、当時、医王山の一宿であったからといって、どうして地頭進

止でないといえるのか」と反論した。

幸円は「柿谷寺が医王山の一宿であることは勿論承知している」とこの点だけは同意した。以上のことから、

(幕府の裁定)

柿谷寺は地頭が建立したものか、あるいは預所の所有・管理するものであったのか、どちらもこれといった証拠はない。この件は庄家《しょうけ》に尋問して決着すべきである。

【解説】

⑴白山を開き医王山も開いたとする「泰澄」の名が、領家仁和寺の預所(幸円も僧だったとみられる)の言葉として弘長年代の文書に出てくるのが興味深い。何百年も前から泰澄を祖とする修験道の世界が白山から広く石黒荘にも浸透し、柿谷寺などを含む「四十八か寺三千坊」が医王山麓に展開していた、というのは古くからのこの地の伝承である。

⑵その柿谷寺について、地頭藤原氏(石黒氏)と領家仁和寺のどちらがより古くから関係があったかという問題である。地頭の氏寺だったとすると、富山県史の指摘通り、「十一、十二世紀に成立する中世開発領主の典型的な形態」であり、地頭が深いつながりを持つ宗教施設としてさもありなんと思われる。

⑶一方で、歴史学者の大山喬平氏のような見方もある。同氏は「医王は語る」の中で次のように述べている。「どうして地頭はここにしか館を構えられなかったのであろうか。私はそれを地頭がこの地に遅れてやってきたためではなかろうかと考えている。(仁和寺)菩提院行遍のもとで領家預所の幸円は柿谷寺に居を定め、弘瀬郷地頭に対抗してあらたな庄経営にのりだしている。……地頭先祖建立の氏寺だとする主張に

もかかわらず、地頭定景は弘安元年（一二七八）の和与によって、この寺を領家に去り渡している。その後もここに領家の政所が置かれている。……泰澄以来の古い修験の寺だと主張する預所幸円の言い分に真実味があると思う」と述べている。そして氏は「藤原氏の館は（柿谷寺のすぐそばにある、現在の）妙敬寺の場所にあったのではないか」と推察している。

(4)幕府の裁定は「庄家に聞け」である。荘家という字があてられている場合もあるが、他の何件かでも同じ裁定が下りている。ただし、「庄家」の意味がよくわからない。辞書には「荘園現地の経営管理を行う機構」と書かれているが、その主体がどういう人達で構成されていたのかイメージしにくい。相論当事者である当時の領家そのものとは考えにくく、第一章5項で説明したような在地の慣習法的秩序を代表する名主、すなわち「乙名」「古老」と呼ばれる人たちのことかとも思われる。

昭和四十五年（一九七〇）、石黒荘の隣の高瀬荘において奈良時代から平安時代初期の「荘園の役所」の遺構が出土した。「コ」の字形に囲む三棟が確認され、官衙風の建物跡であるという。当時この地方にあった東大寺領荘園の「荘家」と呼ばれる建物群（管理棟）ではないかとみられ、昭和四十七年（一九七二年）わが国初の古代荘園跡として国指定史跡となった。

このような古い／＼時代から荘園の管理を手伝ってきた土着的な有力者が地頭の外にもいたのだろうか。

(5)柿谷寺の所有権をめぐる推移はこのあとも転変とした。次の「判決7」および第三章の「正応二年の関東下知状」を参照のこと。

判決7「千手堂免田壱段事」

【原文】

（両者の主張）

右、如定朝申者、件堂者、百姓延正名内也、彼堂顚倒之間，弁継下人増仙建立畢、免田者、以荒野、預所・地頭相共寄附之間、年来柿谷院主明鑒所領作也、而石丸之由掠申之、称送夫対捍之旨、刈取之云々。

如幸円申者、増仙建立之条、勿論也、為延正名内之由令申之条、不実也、免田者石丸名内也、延正与増仙為各別作人之条、見宝治取帳、如建暦寄附状者、為預所進止歟、至貞応三年、為増仙沙汰居置住僧畢、而貞茂定朝父以無道張行郷内之間、云堂舎、云僧坊、押領之、所居置明鑒也、明鑒所従上光法師造小屋於彼田、令居住之処、定朝舎弟侍従房良清招寄三位房定朝甥明鑒弟子幷禅良同弟子・行妙法師同所従・尺王法師以下輩打四一半之間、於下輩者、引過料、至良清等者、称御家人、可蒙関東裁許之由、定朝依令申之、于今、不加禁遏、然者追却上光法師、黙（点）定作稲、所省宛彼堂修理料也、於良清等者、可被召禁云々。

定朝申云、四一半事不知及之、沙汰出来之時、定朝抑留良清等否、可被尋守護又代官孫太郎也、預所家子難波二郎宝治二年於預所宿所打四一半畢、何無其沙汰哉、以上

南砺市館の「妙敬寺」
地頭の館だった可能性がある。

先作毛宛修理料由事、不実也云々。

幸円申云、孫太郎者為地頭縁者之間、不足証人云々者、

（幕府の裁定）

千手堂事、為延正名内否、胸臆相論也、増仙建立之条、定朝承伏之間、可為預所進止也、同免田事、如定朝所進建暦二年十月十日寄附状者、新田壱段事云々。地頭・預所加判之間、非石丸名内之由、定朝雖申之、寄附当堂之後、経年序之間、不及勘落、早可為堂免。

次同作毛事、宛置修理料之由、幸円令申之上、不及異儀。

次四一半事、相互雖申子細、所詮、良清等者、御家人之由、令申之上、尋明犯否、可注申之旨、所被仰守護所也焉。

【読み下し文】

（両者の主張）

右、定朝申すごとくんば、「件の堂は、百姓延正名の内なり。彼の堂、顚倒するの間，弁継下人増仙建立しおわんぬ。免田は、荒野をもって、預所・地頭相共に寄付するの間、年来柿谷院主明鑒領作する所なり。しかるに石丸の由これを掠め申し、送夫対捍の旨と称し、これを刈り取る」と云々。

幸円申す如くんば、「増仙建立の条、勿論なり。延正名の内となす由、申さしむるの条、不実なり。免田は石丸名の内なり。延正と増仙とは別々の作人たるの条、宝治取帳に見ゆ。建暦の寄付状のごとくんば、預所進止たるか。貞応三年に至り、増仙沙汰として、住僧を据え置きおわんぬ。しかるに、定茂（原文は定が貞になっている）無道をもって郷内を張行するの間、堂舎といい、僧坊といい、これを押領し、明鑒を据え

置く所なり。明鑒所従の上光法師小屋を彼の田に造り、居住せしむるの処、定朝舎弟侍従房良清、三位房（定朝甥、明鑒弟子）ならびに禅良（同弟子）・行妙法師（同所従）・尺王法師以下の輩を招き寄せ、四一半を打つの間、下輩《かはい》においては過料を引く。良清等に至りては、御家人を称し、関東の裁許を蒙るべきの由、定朝これを申さしむるにより、今に禁遏《きんあつ》を加えず。しかれば、上光法師を追却し、作稲を点定《てんじょう》（＝さしおさえる）し、かの堂の修理料に省き宛つる所なり。良清等においては、召し禁ぜらるべし」と云々。

定朝申していわく、「四一半の事、これを知り及ばず。沙汰出来の時、定朝良清等を抑留するや否や、守護又代官孫太郎に尋ねらるべきなり。預所の家子難波二郎、宝治二年預所宿所において四一半を打ちおわんぬ。何ぞ、その沙汰なからんや。上光の作毛をもって修理料に宛てし由の事、不実なり」と云々。

幸円申していわく、「孫太郎は地頭縁者の間、証人に足らず」と云々てえれば、

（幕府の裁定）

千手堂の事、延生名の内たるや否や、胸臆の相論なり。増仙建立の条、定朝承伏するの間、預所進止たるべきなり。同免田の事、定朝進むる所の建暦二年十月十日寄付状のごとくんば、「新田一段の事」と云々。地頭、預所、加判の間、石丸名の内にあらざるの由、定朝これを申すといえども、当堂に寄付するの後、年序を経るの間、勘落（＝没収）に及ばず。早く堂免たるべし。

次に、同作毛の事、修理料に宛て置く由、幸円申さしむるの上、異儀に及ばず。

次に、四一半の事、相互に子細を申すといえども、所詮、良清等は御家人の由、申さしむるの上、犯否を尋ね明らめ、注し申すべきの旨、守護所に仰せらるる所なり。

【意訳】

一．千手堂の免田一反の件

（両者の主張）

右の件について定朝は「千手堂は『延正名』という百姓名の内にある。この堂が倒壊したため、預所弁継の下人増仙が再建した。そして預所と地頭が一緒に免田一反を寄進し、以後、柿谷寺の院主・明鑒の所領であった。ところが、預所がこれは『石丸名』であるとして掠めとり、送夫《おくりぶ》（＝荷物輸送の人夫）の役目を拒否したから、という理由で稲を刈り取った」と訴えた。

幸円は「（当時の預所の下人である）増仙が再建したということに異論はない。しかし、そこが（百姓名の）延正名の内であるというのは事実に反する。その免田は（預所名である）石丸名の内にある。延正と増仙とは別の作人であることが宝治の取帳に記されている。建暦（一二一一～一二一三）の寄進状によれば、当時は預所の管轄であり、貞応三年（一二二四）になって増仙が命じて僧を住まわせていた。にもかかわらず、二代目地頭の定茂（定朝の父）は郷内を荒らしまわり、堂舎や僧坊を自分のものにし、明鑒を住まわせた。そしてその明鑒の所従上光法師がその田に小屋を造って住みつき、定朝の弟の侍従房良清、三位房（定朝の甥で、明鑒の弟子）や禅良（同弟子）、行妙法師（同所従）、尺王法師以下の輩を招き寄せて、四一半《しいちはん》（＝サイコロとばくの一種）を打った。このうち下輩の者（＝所従、ここでは法師のこと）には罰金を科す。良清らについては御家人でもあるので、関東（鎌倉幕府）の裁きを受けると定朝が申しているので、今は、禁固しない。それ故、堂舎の主である上光法師を追放し、差し押さえた作稲は千手堂の修理料に当てるべきだ。良清ら（御家人）については（鎌倉に）召し出すべきだ」と主張した。

定朝が申すには、「四一半のことは知らない。（鎌倉幕府の）裁定が下った時に、定朝が良清らを抑留すべきかどうかは、守護又は代官の孫太郎に尋ねられるべきだ。ところで預所の家子である難波二郎は宝治二年、預所の宿所で四一半を打った。どうして処罰されないのか。上光法師の作稲を修理料に宛てるというのは合点がいかない」と述べた。

(幕府の裁定)

千手堂が延正名の内にあったのか否かは推測の域を出ないが、増仙が再建したことは定朝も認めているので、預所が管理すべき堂舎である。その免田については、定朝が提出した建暦二年十月十日の寄付状に書いてある新田一反のことであろうが、これには地頭と預所がと共に承認印を押しているのでその通りだと思われる。だが、現在石丸名の内ではないと定朝が申している点については、千手堂に寄付後かなりの年月が経っているからといって、勘落(草堂の免田から百姓の名田として登録を変更)することはできない。早く堂の免田に戻すべきである。

次に、免田の作毛を修理料にあてると幸円が申しているが、言うまでもないことだ。

四一半のことについては、双方事情を述べているが、結局は、良清等は御家人であるので、(越中国の)守護所において(彼らの)犯否を明らかにしてもらうべきである。

【解説】

(1)「弘瀬郷には柿谷寺のほかに、いくつかの名もない草堂があったと思われる。地頭定茂は明鑒を迎えて、郷内各所の草堂を柿谷寺のもとに統轄しようとした。その一つが千手堂の奪取であった」(富山県史)

(2)千手堂は柿谷寺の東約九百㍍のところにあった。柿谷寺脇から東方の平野部に出た明神川が、弘瀬郷東方の洪積台地にぶつかり、約九十度北方に屈折する。その屈折地点(館地内)にあった。今もその跡地(写真参照)が残っており、そこからさらに北東方向約七百㍍先の竹内地内に熊野社がある。同社の境内に「千手丸薬師堂」という小祠があるが、これは千手堂にあったものを後世移設保存したものであろう。

⑶いずれにしろ、この千手堂が一時倒壊し、預所弁継の下人増仙という人物が再建したことは、地頭も預所も認めている。建暦二年（一二一二）十月十日、地頭と預所によって共同開発された新田一反が堂の免田として寄進され、貞応三年（一二二四）には増仙が命じて僧を住まわせていた。つまり、建暦から貞応まで は預所（の下人増仙）が進止してきたわけだ。その千手堂と免田を二代地頭定茂が柿谷寺院主明鑒と組んで奪取し、明鑒の所従上光法師を住まわせた。

⑷明鑒には、定朝の弟の三位房良清と甥の禅良という「弟子」がいた。この二人は御家人だった。そのほか行妙法師、尺王法師、上光法師など「法師」と呼ばれる者たちがいた。法師とはいわゆる所従のことで、明鑒に従って柿谷寺や千手堂などの堂舎や免田の雑務労役に付いた僧身分の者たちだった。彼らが草堂でサイコロ博打を打っていたのを幸円に検断された。現場に踏み込まれたのだろうか、定朝は全く反論できなかったようだ。三人の法師たちは、検断権を持つ本所（このときは代理の預所）によって追放あるいは罰金処分となり、千手堂の免田の作稲は修理費に回された。ただし、弟子の二人は幕府から保護を受けた「御家人」であったので、その処分は幕府から越中国の守護に預けられた。越中の守護所は、鎌倉時代前期には国衙と同じ古国府（伏木）にあったが、後期には放生津（新湊）に移った。弘長年代にはどちらにあったかは不明とされる。

⑸郷内で発生した犯罪行為（四一半）に対する検断権が預所によって行使されたことは、この時代の弘瀬郷では領主権力がまだ相当強いものであったことを示している。定朝は御家人である身内を守ることに汲々としている様子がうかがえる。

7　領地争い②～高宮村の新田と新畠

地頭と領家の争いは高宮村でも展開された。弘長年代は弘瀬郷が西方、東方、高宮村に三分割され、開発前線が西方から東方、さらには高宮村に向かっていた。宝治二年の検注帳でも、神田の面積が若宮（館地内）二町、天満（天神地内）七反、高宮（高宮村）三反と西側（医王山側）の神社ほど大きいが、新田や新畠の開発が進みつつあった高宮村での進止権争いを見てみよう。

判決8「苅取高宮村新田作稲由事」

【原文】

（双方の主張）

右、如定朝申者、重禅以当他所人勢、建長元年八月廿七日地頭時定正作・同名市庭住人等作稲陸百余束苅取畢、背御下知状、致狼籍(藉)之間、可被改易重禅云々。

如幸円申者、為預所名安丸内之間、代々無相違、宝治検注之時、如元、請負預所名畢、両方取帳明白也、然者預所下人蒔種子於彼田、令称作之日、定時（時定か）率多勢、俄二三十束苅之程、押殖之後、不汲水、不取草、一向棄置之間、幸円舎弟右衛門尉家時以佐藤次郎、為使者、作人歎申之由、申送之処、可苅取之旨、返答之間、西仏法師苅之、且有安丸名之条、見正治二年年貢散用状云々。

定朝申云、安丸名字不承及之、散用状者、非名丸之間、不足証拠、加之、件名事、宝治取帳読合之時、不載之処、今如雑掌方取帳者、載安丸名之条、為入筆歟、検注之時、請負預所名否、可書合論起請之由、時定所申也、苅田員数幷時定免否事、被召問家時之後、可申子細云々。

幸円申云、宝治取帳者、遂読合之処、令相違之条、已定朝謀書也云々者。

（幕府の裁定）

定朝則預所蒔苗令耕作者、可言上子細歟、而無左右押殖之条、無其謂、預所亦定時免許事、無指証拠之処、作人称刈取之由、無沙汰之条、為非拠歟、云彼云此、忘穏便儀之間、不及沙汰。

次如幸円所進正治二年年貢散用状者、有安丸名之旨見也、而預所方宝治帳者、安丸名之由載之、如地頭方同帳者、不載彼名之間、相互就件取帳、申子細之処、於地頭方取帳者、重松名事、有入筆之由、幸円令申之外、無指難申之旨歟、而彼帳与雑掌方同帳令相違之間、幸円所帯状聊雖胎不審、至当郷者、安丸名字之由、定朝令申之処、載正治散用状之間、為定朝不実歟、而非名丸之間、難叙用之旨、定朝雖申之、無安丸名者、何可載散用状哉。

至両方所進宝治取帳者、重松・安丸両名事、相互令相違之上、非於《ママ》預所・地頭、加判状之間、難被用捨歟、然則於安丸名者、任正治散用状、至重松名者、守承久名丸幷宝治・建長返抄、所被裁許也焉。

【読み下し文】

（双方の主張）

右、定朝の申す如くんば、「重禅、当他所の人勢をもって、建長元年八月二十七日、地頭時定の正作（直営田）・同名の市場住民等の作稲六百余束刈り取りおわんぬ。御下知の状に背き、狼藉を致すの間、重禅を改易（＝任を解き、新任者にを任命すること）せらるべし」と云々。

幸円申す如くんば、「預所名安丸の内たるの間、代々相違なし。宝治検注の時、元の如く、預所名を請け負いおわんぬ。両方の取帳明白なり。しかれば預所下人種子を彼の田に蒔き、作と称せしむるの日、定時（時定の間違い）多勢を率い、俄かに二、三十束刈《そくかり》（面積表示）の程押殖の後、水を汲まず、草を取らず、一向に棄て置くの間、幸円舎弟の右衛門尉家時、佐藤次郎をもって使者とし、作人、嘆き申すの由申し送るの処、刈り取るべきの旨返答の間、西仏法師これを刈る。かつ安丸名有るの条、正治二年の年貢散用状（決算書）に見ゆ」と云々。

定朝申していわく、「安丸名字、これを承り及ばず。散用状は名丸（土地台帳）にあらざるの間、証拠に足らず、これに加うるに、件の名の事、宝治取帳読合せの時、これを載せざる処、今、雑掌方取帳のごとくんば、安丸名を載するの条、入筆をなすか。検注の時、請負預所の名か否か。合議して起請に書くべきの由、時定申す所なり。刈田の員数ならびに時定免否の事、家時を召し問わるるの後、子細を申すべし」と云々。

幸円申していわく、「宝治取帳は読合せを遂ぐるの処、相違せしむるの条、已に、定朝謀書（偽書）なりと云々てえれば、

（幕府の裁定）

定朝、即ち預所をして苗（種か）を蒔き耕作せしめば、子細を言上すべきか。しかるに左右なく押殖するの条、その謂れなし。預所また定時免許の事、さしたる証拠なきの処、作人刈り取るの由を称し、沙汰なきの条、非拠たるか。彼と云い、此れと云い、穏便の儀を忘るるの間、沙汰に及ばず。

次いで幸円進むる所の正治二年の年貢散用状のごとくんば、安丸名有るの旨見ゆる所なり。しかるに預所方宝治取帳は、安丸名の由これを載す。地頭方同帳の如くんば、彼の名を載せざるの間、相互に件の取帳について子細を申すの処、地頭方取帳においては、重松名の事入筆あるの由、幸円申さしむるの外、さして難じ申すの旨なきか。しかるに彼の帳と雑掌方同帳とは相違せしむるの間、幸円帯する所の状いささか不審をのこすといえども、当郷に至りては安丸名字の由、定朝申さしむるの処、正治散用状に載するの間、定朝不

実たるか。しかるに名丸にあらざるの間、叙用しがたきの旨、定朝これを申すといえども、安丸名なくんば、何ぞ散用状に載すべけんや。

両方進む所の宝治取帳に至りては、重松・安丸両名の事、相互に相違せしむるの上、預所・地頭加判の状にあらざるの間、用捨せられがたきか。然れば則ち、安丸名においては正治の散用状に任せ、重松名に至りては承久名丸ならびに宝治・建長の返抄を守り、裁許せらる所なり。

【意訳】

一・高宮村新田の作稲を刈り取る件

（双方の主張）

右の件について定朝は「預所重禅は当所および他所の人を使って建長元年（一二四九）八月二十七日、地頭時定の正作（給田）と、同名（地頭名を指すと思われる）の市庭（市場）住民らの新田の作稲六百余束刈を刈り取った。これは幕府の下知状に背く無法な振舞いであり、重禅を代えるべきである」と主張した。

これに対し幸円は、「そこは代々『安丸名』という預所の名田であることに間違いない。宝治の検注の時も、従前通り預所名として請け負った。このことは領家・地頭双方の取帳に明記されている。今回の件は、預所の下人らが種子を蒔いて耕作していたところに、時定が大勢の人を率いて、にわかに二、三十束刈ばかりの田に強引に苗を植え、その後は、水を入れず、草も取らず、何もしないで放ってあったので、幸円の弟の右衛門尉家時が佐藤次郎を使者として遣わし、預所の作人らが嘆いていると申し出たところ、地頭方は『勝手に刈り取れ』と返答してきたので、西仏法師らがこれを刈りとった。ここが安丸名であることは、正治二年（一二〇〇）の年貢散用状に記されている」と反論した。

定朝が言うには「安丸名などとは聞いたことがない。散用状は名丸（請負人をベースにした土地台帳）ではないので、証拠にはならない。その上、その名田のことは、宝治の取帳の読み合わせの時に記載してなかったのに、今、雑掌（預所）方の取帳をみれば、安丸名と書いてある。後で記入したのではないか。検注の時に預所名として請負ったかどうかは、合議（読合せ）時の起請文に書いておくべき問題だと（弟の高宮村地頭）時定が申している。稲を刈り取った田の面積がどれだけだったか、あるいは時定が刈り取りを許可したかどうかは、家時に問い質された後に、子細を議論すべきだ」という。

これに対し幸円は「宝治の取帳は読合せのあと（双方の持つ取帳の内容が）違っており、定朝は偽書をつくっている」と主張した。以上のことを判断すると、

（幕府の裁定）

定朝は、預所が苗を植えて耕作していた時に、ここは自分の名田だ、などと理由を説明した上で植えればよかったのに、いきなり問答無用に押殖したのは、謂れのない行動だ。一方、預所側も、時定が刈り取りを許したというはっきりした証拠もないのに刈り取ったという。お互いに確たる証拠もないことにあれこれと言い、穏便に済ませようという気持ちがない。幕府はそういうことに裁定を下すつもりはない。

ただし、幸円が提出した正治二年の年貢の決算書によれば、安丸名があることになっている。預所方の宝治の取帳にも安丸名のことが記されている。ところが地頭方の取帳には安丸名のことが書いてない。お互いに自分の取帳について言い合っているが、地頭方の取帳に重松名と加筆した部分があると幸円が申していること以外には、たいして難しい争点はないのではないか。それ故、地頭の取帳と雑掌の取帳とでは相違しているところがあり、幸円が持っている状にもいささか不審点が残るといえども、正治の散用状に載せられているのをみれば、定朝の言い分の方が事実ではないのであろう。名丸に（記述が）ないので、受け入れがた

いと定朝は申しているが、安丸名が存在しなければどうして散用状に載せることができようか。

両方が提出した宝治の取帳については、重松と安丸の両名のことが互いに相違しているうえ、預所と地頭の加判状（判や花押を押した書類）ではないので、証拠として採用することはできない。それ故、安丸名のことについては、正治の散用状に基づいて裁定し、重松名のことについては承久の名丸ならびに宝治・建長の返抄（収納したことの証明書、領収書）に基づいて裁定する。

【解説】

(1)「二、三十束刈」の束刈《そくかり》とは田積を示す単位である。それを「押殖」したというのは、強引に力ずくで田植えをしたということだろう。判決文に「新田」という言葉はないが、表題に書かれている通り、ここでは高宮村の新田のことで争っている。建長元年というのは検注が実施された宝治二年の翌年のことで、同村の地頭は定朝の弟の時定だった。

(2)こうした状況下で、この新田は地頭名か安丸名（預所名）かという争いである。預所は、宝治の検注帳と正治の散用状を証拠として提出し、いずれも「安丸名」と書いてあると主張した。ところが定朝が持っている宝治の取帳などには安丸名の書き入れがなく「安丸名なんて知らない」といっている。それぞれが自分で書き入れた取帳を持っているが、正治年代の帳簿を持っていたのは預所だけで、当時藤原氏（定直）はまだ地頭でなかったので所持していなかったのであろう。

(3)結局、幕府が証拠書類として認めたのは、安丸名（預所名）に関しては正治の散用状であり、重松名（地頭名）については承久の名丸ならびに宝治・建長の返抄であるとした。本件では件の新田を預所のもの（安丸名）と認めた。判決２「新田事」の判決通り、新田は地頭のものにはならなかった。

判決9「押取高宮村新畠作毛由事」

【原文】

（双方の主張）

右、如定朝申者、件畠大豆・小豆・麻・苧・白苧・桑押取畢、年来地頭下人下藤庄司作畠也、畠事、両方可致沙汰之由、被成御下知畢、況於地頭下人作畠哉云々。

如幸円申者、両方可致沙汰之旨、被仰下者、平民内逃死亡跡事也、何寄事於左右、可濫妨安丸名内哉、時定下人庄司男皆以苅取件作畠之条、預所訴訟也云々者、

（幕府の裁定）

為胸臆相論之間、暗難是非、然者云作毛、云下地、任土帳、被糺明、可有左右矣。

【読み下し文】

（双方の主張）

右、定朝申す如くんば、「件の畠、大豆、小豆、麻、苧、白苧・桑押し取りおわんぬ。年来、地頭下人下藤庄司の作畠なり。畠の事、両方で沙汰すべきの由、御下知を成されおわんぬ。いわんや地頭下人においてをや」と云々。

幸円申すごとくんば、「両方で沙汰を致すべきの旨仰せ下さるは、平民の内逃死亡跡の事なり。何ぞ事を左右に寄せ、安丸名内に濫妨するべけんや。時定下人庄司男皆もって件の作畠を刈り取るの条、預所訴訟するなり」と云々てえれば、

（幕府の裁定）

胸臆の相論たるの間、暗に是非し難し。然れば、作毛といい、下地といい、土帳に任せ、糺明せられ、左右さるべし。

【意訳】

一・高宮村の新畠の作毛を押し取る件

（双方の主張）

右の件について定朝は「件の高宮村の新畠に植えてあった大豆、小豆、麻、苧《からむし》、白苧《しらそ》、桑を預所側が強引に押し取った。年来、地頭の下人である下藤庄司が耕作している畠である。『畠のことは（預所と地頭の）両方で沙汰せよ』という幕府の下知がすでに出ており、地頭下人の畠においてはなおさらそのように扱うべきだ」と訴えた。

幸円は「両方で沙汰せよと仰せられたのは、平民が逃亡したり死亡したりした跡の畠についてである。事を一方的に解釈して、預所名である安丸名の畠まで地頭が濫妨するいわれはない。地頭時定の下人庄司男が安丸名の畑を刈り取ったので、預所が訴訟を起こしているのだ」と強く主張した。

（幕府の裁定）

いずれも憶測による言い合いであるので、是非を決め難い。耕作のことも下地のことも、土帳（基礎台帳）に基づいてよく調査して結論を出すべきである。

【解説】

⑴荘園内の土地には水田のほかに畠が相当な割合を占めていたはずである。ところが宝治の検注帳にも弘長

の下知状にも畠に関する記述はほとんどない。本件および弘安元年の東方和与状（第三章1項）の中に出てくるくらいである。畠にも年貢ないし公事が課せられていたはずだが、あまり係争対象にならなかったためか、弘瀬郷における畠の実態は不明なままだ。

⑵しかし、この判決によって高宮村の畠に大豆、小豆、麻、苧《からむし》、白苧《しらそ》、桑などが植えられていたことがわかる。麻・苧・白苧はいわゆる麻布の原料。幕末期に「福光麻布」のブランドを博してわが国有数の麻布集散地となった福光町の萌芽が感じとれる。

⑶お互いに新畠の作物を相手側の作人が刈り取ったと訴えているが、この高宮村の新畠が誰のものかは「土地の基礎台帳をよく調べるように」という判決だった。畠地についても検注帳があったと考えられるが、その内容はわからない。ただ、畠の場合も平民の逃・死亡の跡であれば「両方で沙汰せよ」という決まりになっていたことが分かる。

⑷本件ならびに判決9の高宮村における相論をみると、定朝の弟時定が開発中の新田・新畠を盛んに我が物にしようとしていた姿が想像される。

8　領地争い③～百姓の逃・死亡後の名田、勧農田、神田等

地頭、領家とも領地に対する必死の思いがある。ここでは、百姓が逃亡したり死亡したりした名田跡地や、いったん不作田として登録された田を再開発した「勧農田」をどう取り扱うかの例が示されている。さらに両者の所務相論は神田にも及んでいた。五十年以上も昔の証文が裁決の決め手になったケースもあった。

判決10「松本名苅田事」

【原文】

（双方の主張）

右、如定朝申者、逃死亡跡者、預所・地頭相共可付作人之旨、見宝治御下知状、然者相分松本名之処、自預所方、越境押作之上、定朝作田伍拾束苅許預所苅取云々。

（幕府の裁定）

如幸円申者、松本田者預所分也、苅田事、不実也云々者、於下地者、止私中分、招居浪人、両方可召仕也、至作毛者、依為胸臆相論、不及沙汰矣。

【読み下し文】

（双方の主張）

右、定朝申すごとくんば、「逃死亡の跡は、預所・地頭相共に作人を付くべきの旨、宝治御下知状に見ゆ。しかれば松本名を相分くるの処、預所方より、越境押作の上、定朝の作田五十束刈ばかり預所刈り取る」と云々。

幸円申すごとくんば、「松本の田は預所分なり。刈田の事、不実なり」云々てえれば、

（幕府の裁定）

下地においては、私の中分を止め、浪人を招き居え、両方召し仕うべきなり。作毛に至りては、胸臆の相論たるにより、沙汰に及ばず。

【意訳】

一・松本名の田を刈り取る件

（双方の主張）

右の件について定朝は「百姓が逃・死亡した名田の跡は、預所と地頭とが共に作人を割り当てるように、という宝治の下知状がある。それ故、松本名を半分に分けたのだが、預所方が越境して強引に作付けを行い、定朝の作田五十束刈ばかりを刈り取っていった」と訴えた。

幸円は「松本の田は預所分である。定朝の作田を刈り取ったのではない」と主張した。

（幕府の裁定）

件の名田の下地については、「二分して勝手に分け合う」ことをしてはならない。双方共同で浪人を雇い入れて耕作させるようにせよ。作毛に関しては証拠がはっきりしないので、訴えを却下する。

【解説】

⑴「松本名」とは、弘瀬郷の百姓名の一つで、名主がいなくなったところと思われる。

⑵宝治二年裁許では、百姓が逃亡・死亡した跡の名田は「預所と地頭の共同管理」という原則が示されていた。「相共に」という意味は、あくまでも「外部から浪人を招き寄せて、両者が共同で管理すべき」という意味であり、下地を二分するようなことは許されなかった。

判決11「勧農田事」

【原文】

（双方の主張）

右、如幸円申者、為預所進止、付作人之条、先例也、就中預所・地頭所務各別之間、地頭不相交之条、宝治相論之時、定朝申詞顕然也、而相共可致沙汰之由、被載同下知仰詞之条、雖貽訴訟、当時者任御下知、致沙汰之処、定朝等或引籠重松名、或宛給所従等云々。

如定朝申者、地頭・公文役等致勧農沙汰事、先傍例也、先々勧農状案進之、正文者作人等所令帯也、両方可致沙汰之由、被載宝治御下知之処、背彼状、頭《(預)》所一向張行云々。

（幕府の裁定）

爰如定朝所進勧農帳者、為案文之間、不足証拠、如宝治二年御下知状者、勧農事、為預所沙汰之由、載定朝申詞之処、於不作跡者、預所・地頭相共可致沙汰之旨、被仰下之間、申詞与仰詞参差之由、幸円雖申之、平民内逃死亡不作損亡跡者、預所・地頭相共招居浪人両方召仕事、為傍例之間、不及改沙汰、但、以平民跡、不語付百姓、或地頭引籠之、或令宛作同下人等之条、公役懈怠之基也、早可令停止焉。

【読み下し文】

（双方の主張）

右、幸円の申すごとくんば、「預所進止として作人を付くるの条、先例なり。なかんずく預所・地頭の所務各別の間、地頭相交わらざるの条、宝治相論の時、定朝申す詞顕然なり。しかるに相共に沙汰を致すべきの由、同下知の仰せ詞に載せらるるの条、訴訟を貽《のこ》すといえども、当時は御下知に任せ沙汰を致すの処、定朝等あるいは重松名に引き籠め、あるいは所従等に宛て給わる」と云々。

定朝申すごとくんば、「地頭・公文等勧農の沙汰を致す事、先の傍例なり。先々の勧農状案これを進む。正文は作人等帯せしむる所なり。両方沙汰を致すべきの由、宝治の御下知に載せらるの処、彼の状に背き、頭（預カ）所一向張行す」と云々。

（幕府の裁定）

ここに定朝進る勧農帳の如くんば、案文たるの間、証拠に足らず。宝治二年御下知状のごとくんば、勧農の事、預所沙汰たるの由、定朝申す詞に載するの処、不作の跡においては、預所・地頭相共に沙汰を致すべきの旨、仰せ下さるの間、申詞と仰詞とは参差《しんし》（＝食い違い）の由、幸円これを申すといえども、平民の内逃死亡不作損亡の跡は、預所・地頭相共に浪人を招き居え、両方召し仕う事、傍例たるの間、改めて沙汰に及ばず。但し、平民跡をもって、百姓を語らい付けず、あるいは地頭これを引き籠め、あるいは同下人等に宛て作らしむるの条、公役懈怠の基なり。早く停止せしむべし。

【意訳】
一．勧農田（一度不作田として放棄された田地に再度作人を入れて再開発した田地）の件
（双方の主張）
右の件について幸円は「勧農田については預所が進止して、作人に割り当てるのが先例である。預所と地頭の所務（所領管理）はそれぞれ別々に行うことになっており、地頭は預所の荘園経営に口出ししないことになっている。このことは、宝治の相論の時に定朝が申した言葉で明らかだ。それなのに、『両方が寄り合って沙汰をせよ』と宝治の下知状で命令されたことは、預所としては不満が残る裁許であったが、（それ以降）

下知に従って沙汰してきた。ところが定朝らはそれをいいことにして勧農田を重松名に取り込み、自分の所従らにあてがっている」と訴えた。

これに対し定朝は「地頭や公文らが勧農の沙汰をすることは先例であり、どこでもやっていることだ。以前の勧農状の案文を提出する。正文は作人らが持っている。『両方で沙汰をせよ』と宝治の下知状に載せられているのに、それに背いて、預所は勝手な振る舞いをしている」と反論した。

（幕府の裁定）

定朝が提出した勧農帳は案文なので証拠にならない。幸円は「宝治二年の下知状には、勧農のことは預所の沙汰であると述べたという定朝の申詞（申し状）が載せられているが、幕府の仰詞（判決文）には『不作の跡は預所と地頭が相共に沙汰をせよ』と書かれ、申詞と仰詞とは食い違っている」と訴えた。しかしながら、平民の土地で、逃亡・死亡・不作・損亡などが出た跡の地は、預所と地頭が相共に浪人を招き居え、両方で召し使うことが傍例（どこでも行われていること）であるから、この訴えは取り上げない。ただし、もともと平民のものだった跡地を、百姓名として語らい付けることをせず、地頭が自分の名田にするとか、下人にあてがって耕作させるというのは公役（荘園本来の役目）を怠るもとであるから、早く停止すべきである。

【解説】

⑴勧農とは「荘民に対して耕地を割り当て、春には種子・農料を支出し、潅漑施設の整備や農作業の進行に気を配り、秋の収穫を確実に行う」ことであり、かつては領主の権利かつ義務であった。これに対し、「勧農田」とは第一章3項で説明したように「一度放棄された土地を再開発した田地」のことだ。

⑵荘園の荘官でもある地頭が勧農に関する現場業務をこなすうちに、もともと一〇〇％領主（本所）側に属

した勧農の権利を徐々に奪っていったのではないか。

(3)幕府は勧農田について「あくまで両者が共同して経営するように」といっており、この時代すでに五〇%は地頭が侵略していたことがわかる。

判決12「預所令落勘仏神田由事」

【原文】

（幕府の裁定）

右、問答之詞子細雖遏、所詮、於宝治帳者、重松・安丸為入筆之由、相互令申之外、両方共以不加其難歟、然則於下地者、停止地頭非論、任宝治取帳、可引募也。

次同田地頭加徴事、云彼加徴、云預所方京上幷田率役、不可宛催之由両方申之、此上不及異儀矣。

【読み下し文】

（幕府の裁定）

右、詞《ことば》の子細は区《く》といえども、所詮、宝治帳においては重松・安丸入筆たるの由、相互に申さしむるの外、両方共にもって、その難を加えざるか。しかれば則ち、下地においては地頭の非論を停止し、宝治取帳に任せ、引き募るべきなり。

次いで、同田地頭加徴の事、彼の加徴と云い、預所方京上ならびに田率役と云い、宛て催すべからざるの由、これを申す。この上、異儀に及ばず。

【意訳】

一・預所が仏神田を勘落（不正ありとして没収すること、原文の落勘は間違い）した件

（幕府の裁定）

右の件について、こまごまと区々たる（＝まちまちの、取るに足らない）ことを言い合っているが、結局、宝治の取帳においては、「重松名」と「安丸名」とをそれぞれが加筆したと主張していること以外には問題となるような箇所はない。であれば、仏神田の下地については地頭が自分のものだというおかしな主張は取り止めて、宝治取帳の記載にある通り除田にすべきである。

また、この仏神田から地頭が加徴を取り立てているという預所の非難については、地頭は「加徴は取っていない」といっているし、預所方も「京上役（京都と荘園現地の間を往来する際の経費）や田率役（＝田積に応じて賦課する雑税）はこの仏神田から取っていない」といっているのだから、これ以上問題にはしない。

【解説】

⑴幕府の裁定と思われる部分しか下知されていないが、表題（事書）から想像すると、「預所が神田とされている田地を自分の名田にしている」と地頭側が訴えた事件のようだ。

⑵当該神田がどこを指すのか分からないが、宝治の取帳には「除田」の項に「神田五町七段」が登録されていた。宝治取帳の内容は、地頭と預所が持っているものの内容が同じではなかったが、異なる点はそれぞれが「重松名」（地頭名）と「安丸名」（預所名）と加筆した部分だけで、神田部分には違いがなかったようだ。幕府は「その記載通り、神田は神田として扱え」と命じ、両者ともに押領や課役をしてはならないと命じた。

判決13「大萱生名田参段見作弐段事」

【原文】

（双方の主張）

右、定朝・宗定等則先祖定綱開発之後、依引籠地頭名、父定直譲宗定之間、寛元年中給安堵御下文之処、預所濫妨之由申之。

幸円亦為領家恩顧之処、宗定違背之間、可上取之旨申之。

爰如宗定所進先預（領）家建久七年十月日下文者、宛給西大萱尾、右宛給定直之状、如件、招居浪人、可致能治、兼又、随京下使進止云々。

如定直法師法名蓮仏仁治二年六月日譲状者、弘瀬名田事、以上壱町柒段大云々、坪々略之、如寛元元年九月三日、御下文状者、任貞（定か）直法師譲状、可令領知云々者、

（幕府の裁定）

為領家恩顧之条、見宗定所進領家建久七年下文、而当郷名田等就父譲状、寛元元年号給安堵御下文、敵対領家之条、甚自由也、然則於件大萱生名田者、宜為領家進止焉。

【読み下し文】

（双方の主張）

右、定朝・宗定等則ち先祖定綱開発の後、地頭名に引き籠むるにより、父定直宗定に譲るの間、寛元年中安堵の御下文を給わるの処、預所濫妨するの由これを申す。

幸円また領家恩顧たるの処、宗定違背するの間、取り上ぐべきの旨、これを申す。

ここに、宗定進む所の先の領家建久七年十月日下文の如くんば、「西大萱尾、右、定直に宛て給わるの条、件の如し。浪人を招き居（据）え、能治を致し、兼ねて又、京下使の進止に随うべし」と云々。

定直法師（法名蓮仏）仁治二年六月日譲状のごとくんば、「弘瀬名田の事、以上一町七反大」と云々（坪々これを略す）。

寛元元年九月三日御下知状のごとくんば、「定直法師譲状に任せ、領知せしむべし」と云々てえれば、

（幕府の裁定）

領家恩顧たるの条、宗定進む所の領家建久七年下文に見ゆ。しかるに、当郷名田等は父譲状について、寛元元年安堵の御下文を給わると号し、領家に敵対するの条、甚だ自由なり。然れば則ち、件の大萱生名田においては、よろしく領家進止たるべし。

【意訳】

一・大萱生名田三反（うち見作田二反）の件

（双方の主張）

定朝・宗定らは「当該の名田（三反のうち二反が見作田で一反は放棄されている）は先祖の定綱が開発したもので、地頭名に入れられている。父定直が子の宗定に譲り与え、宗定は幕府に申請して、寛元年中に安堵の下文をもらっている。それなのに預所がその地に押し入って濫妨する」と訴えた。

これに対して幸円は「この地はかつて領家が定直に与えた恩顧《おんこ》（＝情をかけること）の地であり、宗定が背いたので、取り上げたところだ」と述べた。

宗定が提出した、父定直が領家から建久七年（一一九六）十月にもらった下文によると「西大萱尾を定直

に宛て給わる。浪人を招いて住まわせ、しっかり統治を行い、京下使（預所）の指示に従うべし」とある。

また、仁治二年（一二四一）六月に定直法師（法名蓮仏）が子宗定に与えた譲状によると「弘瀬名田一町七反大（坪数は省略）」と書いてあり、所領を譲ったことが分かる。

そして寛元元年（一二四三）九月三日の幕府の御下知文には「定直法師譲状にまかせて、領知すべし」とある。以上のことを判断すれば、

（幕府の裁定）

この地が領家恩顧の地であることは、宗定自身が提出した建久七年の下文で明らかである。にもかかわらず、この地を含んで父から譲り受けた名田について、寛元元年に幕府から安堵の御下文をもらっているといい、領家に敵対するのは自由（勝手）すぎる言い分だ。件の大萱生の名田は、領家のものである。

【解説】

⑴これはいろんな意味で興味深い領地争いの例である。まず、大萱生と名付けられた名田がどこにあったかわからないが、三反のうち一反は不作田であった。つまり全体の三三％が不作田だったわけだ。見作田と不作田との比率は場所によって大きな差があったと思われるが、これが弘瀬郷における一つの例としてみることができる。

⑵次に面白いのは、この田地を宗定は「父定直から譲渡された土地だ」といい、しかも幕府から安堵の下文ももらっていると主張したのに対し、幸円は「それはそうかもしれないが、その地はそもそも先代の領家が定直に恩顧の地として与えたものだ。宗定が領家に背く行為をしたので、取り上げた土地だ」と反論した。

幕府は宗定が提出した次の三通を調べた。
①建久七年（一一九六）父定直が領家からもらった下文
②仁治二年（一二四一）定直が子宗定に与えた譲り状
③寛元元年（一二四三）宗定が申請して幕府からもらった安堵の下知文

宗定はまず②によって、父定直から「一町七反余（これがおそらく西大萱尾の田地）」を譲り受けた。そして「定直からの譲り状に従って、領有・統治すべし」とする幕府から安堵の下知文③を受けているので、この地はすべて自分の領地だと主張した。地頭が譲り状を渡した相手に対し、幕府は、自動的に安堵状を給付することが「式目」で決まっていたからだ。

ところが、それより五十年前の①の下文によると、件の田地（おそらく西大萱尾の一部である大萱生名田三反）は先代の領家が定直に「恩顧の地として宛て給わった」ものであることが分かった。この幸円の訴えが通り、幕府裁決は幸円に軍配を上げた。

⑶では、恩顧の地であるからといって、なぜ進止権が領家に戻ることがあり得るのか。

この件と直接関係があるかどうかは分からないが、「貞永式目」第四八条に定められた「売買所領事」を紹介する。ここには、「御家人が先祖代々支配していた所領を売ることは問題がないが、恩賞として将軍から与えられた土地を売買することは禁止する。これを破った者は売った者も買った者もともに罰する」とある。つまり、もともとの私領については領有権を保障されているが、褒美にもらった土地は自由に売買できないという決まりがあった。式目にいう恩領とは「将軍から」与えられたという意味ではあるが、「領主から」褒美にもらった場合にも第四八条の精神を運用したような意味合いを感じとれる。

判決５「加徴事」において、地頭がかつて預所の給田からも加徴米を取っていたことに「領主から賜った土地だから」と主張していたが、これも同じような理屈だったのかもしれない。

⑷しかし貞永元年（一二三二）制定された貞永式目第八条には有名な「年紀法」があり、二十年間実効支配した土地はその者の所領になる。恩顧の地はこの年紀法の対象外だったのだろうか。であれば宗定らが①を提出したのはミスであり、提出しなければ恩顧の地だったことがバレなかったのかもしれない。ただし、裁判の冒頭で定朝・宗定らが「預所が押し入って濫妨する」と訴えているのをみると、この地はすでに預所に実効支配されていたのかもしれない。

⑸ところで、今回係争地となった恩顧の地は三反であり、定直が宗定に与えた全体の名田数は一町七反余だった。つまり、三反は領家に奪い返されとしても、残り一町四反余については、幕府からの下知文によって宗定の所領であることが安堵された。宗定は弘長の相論の当事者の一人で、弘瀬郷東方の地頭であったと思われる。

9　雑公事

弘瀬郷では年貢として米と御服綿、布が徴収されていた。だがそれ以外の、領主が京都で生活するために必要な様々な作物や加工材料が「雑公事」として、季節ごとに、あるいは臨時に徴収された。弘長の相論では漆や材木あるいは季節の行事の費用などについても地頭と領家の争いがあった。

判決14「漆事」

【原文】

（双方の主張）

右、如定朝申者、百姓分漆者、地頭雖掻之、領家分者、任先例、令進済之処、当預所掻取之上、地頭名於曽波谷・伊加須谷・加々谷・高宮開発新田漆等押取之云々。

如幸円申者、漆掻者預所下人也、引募免田、掻漆、令進済預所方事、先例也、地頭一切不取得分、次定朝等申四箇所漆事、皆以百姓分也、如彼等申状者、一向当郷令押領歟、以件所々、就在家相論段、可令落居之間、不及委細云々。

定朝等申云、漆掻者両方役人也、而為漆掻役掻之、領家分四合八撮、預所・地頭各一盃也、重禅押取地頭得分畢、可被尋弁儆也、四箇所漆事、尤可依在家段（ママ）云々。

幸円申云、弁儆者為地頭縁者之間、不足証人云々者、

（幕府の裁定）

漆掻為両方役人否、并地頭得分有無事、於弁儆者、預所嫌申之間、不足証人、其外無指証拠歟、然者被尋問庄家、可有左右。

次四箇所漆事、可依庄（在カ）家相論段之由、両方申之、其上不及別子細矣。

【読み下し文】

（双方の主張）

右、定朝申すごとくんば、「百姓分の漆は、地頭これを掻くといえども、領家分は先例に任せ進済せしむるの処、当預所掻き取るの上、地頭名である曽波谷・伊加須谷・加々谷・高宮開発新田の漆等においてはこれを押し取る」と云々。

幸円申すごとくんば、「漆掻きは預所の下人なり。免田を引き募り、漆を掻き、預所方に進済せしむる事、先例なり。地頭一切得分を取らず。次いで、定朝等の申す四箇所の漆の事、皆以て百姓分なり。彼らの申状のごとくんば、一向当郷を押領せしむるか。件の所々をもって、在家相論の段について、落居せしむべきの間、委細に及ばず」と云々。

定朝ら申していわく、「漆掻きは両方の役人なり。しかるに漆掻役としてこれを掻く。領家分四合八撮、預所・地頭各一盃なり。重禅地頭得分を押取りおわんぬ。弁僌に尋ねらるべきなり。四箇所の漆の事、もっとも在家の段《(ママ)》によるべし」と云々。

幸円申していわく、「弁僌は地頭縁者たるの間、証人に足らず」と云々。以上のことから、

（幕府の裁定）

漆掻両方の役人たるや否や、ならびに地頭得分の有無の事、弁僌においては、預所嫌い申すの間、証人に足らず。その外さしたる証拠なきか。しかれば庄家に尋ね問われ、左右《さう》有るべし。

次いで、四箇所漆の事、庄（在か）家相論の段によるべきの由、両方これを申す。その上、子細に及ばず。

【意訳】

一・漆の件

（双方の主張）

右の件について定朝は「百姓分の漆は、地頭がこれを掻《か》き、領家の取分については地頭が進済していたのに、今の預所は自分で直接掻き取ったうえ、地頭の名田である曽波谷、伊加須谷、加々谷、高宮開発新田の漆も押し取っている」と訴えた。

幸円は「漆掻きは預所の下人の仕事である。免田を与えられて漆を掻き、それを預所方に進上するのが先例である。地頭には一切得分はない。さらに、定朝等の申している四か所の漆はすべて百姓分である。百姓たちの申し状によると、百姓の分をまるっきり押領しているとのことだ。ただし、曽波谷など四箇所の問題については、別件の在家相論のところで決着すべきなので、ここでは詳しく説明しない」と述べた。

これに対し定朝らは「漆掻きは両方の役人の職務である。漆掻役を課せられて漆を掻き、領家分は四合八撮《さつ》（＝杓の百分の一）、預所と地頭分として各々一盃を差し出すと定められている。それなのに、預所重禅は地頭の得分を横取りしてしまった。このことは弁儆に尋ねればすぐわかる。四箇所の漆の事は、在家に関する相論の場で扱う」と述べた。

幸円はまた「弁儆は地頭の縁者なので証人としてふさわしくない」と述べた。

（幕府の裁定）

漆掻きは両方の役人がすることになっているのかどうか、ならびに地頭に得分があるのかないのかについて、預所は弁儆の証言を忌避しているので、証人として採用しない。そのほかさしたる証拠があるわけでもないので、庄家に尋問した上で結論を出すようにせよ。

四か所の漆の件については、在家相論の結果に従うことを両者が申しているので、ここで裁決は下さない。

【解説】

⑴医王山の東麓は古くから漆の有力産地とされ、江戸時代、「越中漆」の集散地は福光村であったといわれる。弘瀬郷でも漆の生産が行われていた。参考文献の中から、中世荘園における「漆」に関する記述を紹介する（『』は筆者が付けた）。

①「荘園史用語辞典」（阿部猛編、東京堂出版）

『年貢としての漆』は、うるしの木の本数を基準として賦課される。園地（畠）の年貢で、漆畠なるものは存在しない。」

②「日本の歴史をよみなおす」（網野善彦著、ちくま文芸文庫）

「備中国（岡山県）に新見荘という荘園があり、鎌倉末期には京都の東寺が荘園支配者になった。……新見荘には漆の木がたくさんあり、百姓たちがそれを育てています。そして漆の木一本について、百姓は漆一杓二寸五厘の割合で『公事の漆』を負担し、京都に現物で送っています。ですから、百姓が漆掻をやっていたのだと思いますが、こうした漆の生産に結びついて、木器の工人である轆轤師、つまり生地屋の集団がこの荘におり、漆を木地に塗る塗師と一緒に漆器をつくっていたこともわかります。」

⑵以上二つの文と弘瀬郷の裁許状から類推すれば、漆は①「年貢」として賦課される場合と「雑公事」として徴収される場合があった②現物を京都の領家に持っていく場合があれば、荘園内に住む轆轤師たちに消費される場合もあった③漆の木専用の畠があったわけではなく、所々に植えられていた。

⑶弘瀬郷で漆掻きをしていたのは、一般の百姓ではなく、免田を与えられた特定の下人だったらしいが、漆を掻く権利が誰にあるかは時代とともに変わっていったのではないか。幸円は「地頭には一切得分はない」といっているが、それは昔の話であり、徐々に地頭の押領が進み、中には定朝が自分たちのものだと主張した四箇所のような場所もあったのではないか。

なお、医王山東麓の村で今に残る小字名などから、曽波谷は南砺市「祖谷」、伊加須谷は同「山本」を流れる境谷川の上流、加々谷は同「小山」の加賀谷川上流地域であろうと推定される。

⑷幕府は「柿谷寺事」の判決と同じように、「庄家に聞くように」という、いわば逃げの裁許を行っている。

古くからの先例は事実確認が難しかったからと考えられるが、おそらく決着はつかなかったであろう。その証拠に、弘安元年（一二七八）の和与状で両者は再度この問題を取りあげている（第三章第1項参照のこと）。

判決15「山手・河手事」

【原文】

（双方の主張）

右、如定朝等申者、預所先例不相交之処、建長元年始押取河手材木畢、承久以前預所令取否、可被召問近隣輩云々。

如幸円申者、一向為領家進止、沙汰来之処、承久以後押領畢、近隣住人等者、争可知及承久以前事哉云々者、

（幕府の裁定）

御使入部之次、以起請文、被尋問承久以前例於近隣古老住人等、可有左右焉。

【読み下し文】

（双方の主張）

右、定朝等申すごとくんば、「預所、先例相交わらざる処、建長元年始めて河手材木を押し取りおわんぬ。承久以前預所取らしむや否や、近隣の輩を召し問わるべし」と云々。

幸円申すごとくんば、「一向領家進止として、沙汰し来るの処、承久以後押領しおわんぬ。近隣住民らは、いかでか承久以前の事を知り及ぶべけんや」と云々てえれば、

（幕府の裁定）

御使、入部のついでに、起請文を以て承久以前の例を近隣の古老住人等に尋ね問われ、左右あるべし。

【意訳】

一・山手と河手の件（山＝医王山東麓の山、河＝小矢部川や明神川のこと。それぞれの通行料に関する件）

（双方の主張）

定朝等がいうには「もともと預所は山・河の支配に口出ししなかったのに、建長元年（一二四九）になってはじめて河手として材木を押し取るようになった。承久の乱（一二二一）以前に預所が河手の材木を取る慣例があったかどうか、近隣の輩に聞いてもらえばすぐわかる」と訴えた。

幸円は「もともと領家の権限として実施してきたが、承久以後になって地頭が押領した。近隣住民らがどうして承久以前の事を知っているだろうか」と反論した。

（幕府の裁定）

使者（越中守護所からの使者のことと思われる）が入部したときに、起請文をもって承久以前の例を近隣の古老住人等に尋問したうえ結論を出すべきである。

【解説】

(1)山・河で生産され、運ばれていく物産の支配権をめぐる争いである。弘瀬郷では近辺の山から材木が伐採され、小矢部川などを使って運び出されていたであろう。途中に関所が設けられ、山手や河手といった名目で一種の通行税がかけられていた。そもそも材木は重要な生活必需品であり、弘瀬郷では主要な雑公事として賦課の対象になっていたと考えられる。

⑵地頭は「預所が建長元年になって河手として押取るようになった」といい、預所は「もともとは領家が進止していたものなのに、承久の乱以後は地頭が押取っている」という。おそらく、昔は地頭がいなかったのだから、預所の言い分が正しいのだろうが、承久の乱以降に地頭の権限が増し、山手・河手の分野にも手を出してきた。これに対して、建長年代になって預所が巻き返しを図ったというのが、事の真相ではないか。幕府は、越中守護の使いが弘瀬郷に来た時に古老住民に起請文をかかせて尋問したあと沙汰せよ、と一見公平な姿勢を示しているが、多分結論は出なかったであろう。

⑶弘瀬郷では、この相論のあとも河手に関する相論を繰り返しているが、幕府は弘安七年（一二八四）に全国一律に河手禁止令を出した。越中国では守護名越公時がこれを国内に施行した（富山県史による）。

判決16「節料・早初米・五節供事」

判決17「吉方方違幷預所下向雑事間事」

【原文】

（双方の主張）

右、如幸円申者、件所役等者、就公田之跡勤仕之条、先例也、而定朝等打止之、定朝・同母堂幷子息等責取彼役云々。

如定朝申者、預所在国之時、件役等不対捍、地頭方取彼役事、先例也、子息敏定事、別志也、母堂分事、不実也云々者、

（幕府の裁定）

預所方節料・早始米・五節供幷下向雑事等者、不致妨之由、定朝申之、此上不及異儀、同方違引出物事、号先例、自百姓等之手、責取之条、無其謂、早可止之。

次地頭方五節供幷責取方違引出物事、同以任傍例、可令停止之也。

次地頭母堂幷子息分事、為不実之旨、定朝論申之上、勿論焉。

【読み下し文】

（双方の主張）

右、幸円申すごとくんば、「件の所役等は、公田の跡について勤仕するの条、先例なり。しかるに定朝等これを打ち止め、定朝・同母堂ならびに子息等かの役を責め取る」と云々。

定朝申すごとくんば、「預所在国の時、件の役等対捍せず。地頭方かの役を取る事、先例なり。子息敏定の事、別の志なり。母堂分の事、不実なり」と云々てえれば、

（幕府の裁定）

預所方の節料・早始米・五節供ならびに下向雑事等は、妨げ致さずの由、定朝これを申す。この上異儀に及ばず。同じく方違引出物の事、先例と号し、百姓等の手により責め取るの条、その謂れなし。早くこれを止むべし。

次いで、地頭方、五節供ならびに方違引出物を責め取る事、同じくもって傍例に任せ、停止せしむべきなり。次いで、地頭母堂ならびに子息分の事、不実たるの旨、定朝論じ申すの上、勿論か。

【意訳】

一・節料《せちりょう》・早初米・五節供の件

一・吉方方違《きっぽうかたたがえ》ならびに預所の下向雑事に関する件

（双方の主張）

右の件について幸円は「このような雑公事・夫役は公田に課された課役として（地頭らが采配して）勤めるのが先例である。それなのに定朝らはこれらのことを行わず、供物や費用を定朝の母と子らが自分のものにしている」と訴えた。

これに対し定朝は「預所が越中に在国している時に、そうした課役を対捍（＝不当に拒否する）したことはない。費用などは地頭が集めるのが昔からのきまりであるが、息子の敏定はそれを責め取ったのではなく別の志をもらったのであり、母親についてはそうしたことは全く無い」と反論した。

（幕府の裁定）

預所方の節料や早初米、五節供ならびに預所が京都から越中に下向した際に必要な雑事に関して、定朝が「妨害していない」と申している以上、問題にはしない。また、預所の方違えの際の引出物について、地頭がこれを先例だといって百姓らから責め取るのは、理由がない。早く停止せよ。

また、地頭が五節供や方違えの引出物を奪うのは慣例にないことだから、これも停止せよ。

地頭の母子息分の件につては、定朝が「そんなことをしていない」といっているが、当然であろう。

【解説】

(1)中世の人々は陽が落ちた後は真っ暗な世界に住んでいた。天変地異にも悩まされ、自分たちの力ではどうにもならないものや、目には見えないものの力をひしひしと感じたであろう。神霊や呪術を信仰しなければ生きていけない時代であった。必然的に人々の気持ちは太陽や月、風雪などとの調和に向かい、気候の変化に敏感になった。季節ごとの行事や陰陽道などに基づく風習・慣習は今とは比べようがないくらい大切だった。

⑵荘園ではそうした折々の祭事・行事を執り行った。節料とは一月一日、三月三日、五月五日、七月七日、九月九日などの節日《せちび》の儀式・行事に必要な飲食物・供物の費用のこと。早初（始）米とは、その年に初めて収穫した米のことで、収穫祭（初穂祭）を行ったのであろう。また、方違えとは、陰陽道に基づく平安時代以降に行われていた風習のひとつで、方忌《かたい》みともいう。外出や帰宅などの際、その方角の吉凶を占い、方角が悪いといったん別の方向に出かけて一夜を明かし、目的地の方角が悪くならないようにした。そうした際の雑事や、預所が京都から国に下向している時の接待やその費用は荘民に負担させていた。

⑶地頭がそれらの取りまとめ役だったが、用意させた引出物などを自分の懐に入れることは非法とされた。当然であろう。

10　地頭の身分と幕府の裁判

地方豪族・藤原一族が何代にもわたって弘瀬郷地頭の地位を保つにはいろいろな出来事があった。地頭職以外の惣追捕使・公文といった職のこと、あるいは検断権や裁判に関する問題について地頭と領家がどのように争ったか。双方の言い分をまとめた。

判決18「定朝京方事」

【原文】

（幕府の裁定）

右、両方申状雖多枝葉、所詮、承久京方事、於今者、無其沙汰之間、不及子細矣。

【読み下し文】

（幕府の裁定）

右、両方の申状枝葉多しといえども、所詮、承久京方の事、今においては、その沙汰なきの間、子細に及ばず。

【意訳】

一・定朝が京方についた件

（幕府の裁定）

両方が枝葉にわたって言い分を述べているが、所詮は承久の乱のときに、定朝が京方に付いたかどうかという問題である。今となっては過去のことであり、判断のしようがない。

【解説】

(1)この件は、第一章2項のところで触れた。承久の乱という「武士」（北条氏）と「天皇」（後鳥羽上皇）とが正面対決する戦が起きた時、石黒党の一員である藤原氏は当初宮方に付いた。だが、北陸道の戦いでは、宮方軍は北条氏に一気に蹴散らされ、降参せざるを得なかった。 というよりも、石黒党や越中武士は最初から本気で幕府軍（北条軍）と戦うつもりはなかったのではないか。富山県史（通史編Ⅱ中世）の「承久の乱と越中武士」の項に、「主従関係の面では鎌倉殿に従いながら、所職の面では本所領家などの支配に属する武士が多かった。その意味では当時の越中は西国的傾向が強かった」と書かれている。

⑵当時定朝はまだ地頭にはなっていなかったとみられ、いつの時点で宮方に付いたといわれているのか分からないが、一般に承久の乱で宮方に付いたものは謀叛人とみなされた。幸円としては定朝および藤原一族の（過去の）弱みを突いたつもりだろうが、幕府はこの件を時効扱いとし、不問に付した。降参したあと藤原一族が懸命に臣従を誓ったとみられるが、幕府側にも藤原氏を味方にしておきたい理由があったのだろう。

⑶地方武士の社会では、中央の権力が分裂し、どちらに付くか判断に迷った場合、勢力を二分して戦い、どちらかが生き残るという選択をとる場合があった。王家の荘園の荘官という歴史を持つ藤原氏（石黒氏）としては宮方とのつながりを切るわけにはいかなかった。後鳥羽上皇が幕府に戦を挑んだ時、藤原一族としては大いに迷ったことが想像される。

⑷参考だが、貞永式目第一七条の「同じ時の合戦の罪科、父子各別（それぞれ別）の事」という条項によると、鎌倉幕府には「父と子という関係を一切問題とせず、敵方なら誅殺し、味方で戦功があれば褒章を与える。一族が連帯責任を負うという縁座法の発想が全くなかった」（山本七平著「日本人とは何か」）。

判決19「山田郷惣追捕使職事」

【原文】

（双方の主張）

右、如定朝申者、山田郷地頭・惣追捕使両職者、定直重代私領也、而両職共以去給之由、領家号之、宛給他人畢、今披見被避〔　　〕被止地頭職、至惣追捕使者、不被避之旨所見也、早〔　　〕給云々。

如幸円申者、代々為領家進止、宛給他人之後、経年序畢云々者、

（幕府の裁定）

先々得領家下文之条、定朝承伏之上、為領家沙汰、宛給他人、経年序之間、今更不及沙汰矣

【読み下し文】

（双方の主張）

右、定朝申すごとくんば、「山田郷地頭・惣追捕使両職は、定直重代の私領なり。しかるに両職共に去り給うの由をもって、領家これを号し、他人に宛て給いおわんぬ。今、被見、避けられ〔　　〕地頭職を止められる。惣追捕使に至りては、避けられざるの旨、所見なり。早く〔　　〕給う」と云々。

幸円申すごとくんば、「代々領家の進止として他人に宛て給うの後、年序を経（ふ）りおわんぬ」云々てえれば、

（幕府の裁定）

先々領家の下文を得るの条、定朝承伏の上、領家、沙汰として、他人に宛て給い、年序を経るの間、今更沙汰に及ばず。

【意訳】

一・山田郷の惣追捕使職の件

（双方の主張）

右の件について定朝は「山田郷では地頭と惣追捕使の両職とも、祖父定直の代より我々一族のものであった。にもかかわらず、領家は「両職とも無くなった」と言って、他人を任命した。今（領家が提示した下文を）拝見すると、山田郷の地頭職は廃止されたが、惣追捕使いについては停止されていないという所見が示されている。早く（惣追捕使を補任）してもらいたいものだ」と述べた。

これに対して幸円は「代々領家の権限として、他人に宛てられてきたが、それから随分年月が経っている問題だ」と述べた。

（幕府の裁定）

前々から領家の下文のことについては定朝も承知しているであろう。山田郷の惣追捕使職は、領家の権限によって他人を任命したのち、何年も経って（わからなくなって）いることなので今更裁定はできない。

【解説】

(1)事書（件名）に惣追捕使とあるが、一般的に「追捕使」とはもと検断にあたる国衙の官人のこと。公領のみならず荘園内にも置かれ、荘官の一人として人身の追捕・検断にあたった。追捕使を統轄するのが惣追捕使で、平氏の時代と鎌倉幕府の初期に設置されたが、その後守護へと発展していった。従って、荘園内での呼び名には「惣」がつかなかったとおもわれるが、追捕使職が設置されたとしても短期間のことだったので、あまり厳密なことはいわなかったらしい。

(2)下線部分に虫食いがあり、全体の意味が明確には分からないが、概ね意訳のような意味だと思われる。ここでいう「領家下文」とは、領家が弘瀬郷の政所に宛てた下文という意味と思われる。その下文によって山田郷の地頭が何度か停止されたと知されていたが、惣追捕使については特に記載がなかったようだ。定朝自身、「定直の時代以来は山田郷の地頭と惣追捕使を兼務していた」と述べてはいるが、それほどこだわっている風ではなく、下文を見せられて「そういえばそうでしたか」といっているように見える。次の判決20の解説を参照のこと。

判決20「弘瀬郷惣追捕使職事」

【原文】

（双方の主張）

右、幸円則地頭押領之由申之。

定朝等亦先例不被定置其職之旨申之者。

（幕府の裁定）

号先預所能継・利近等状、問注以後定朝等雖備進之、以彼状、無左右、難被是非、然者所被尋問先例於庄屋也矣。

【読み下し文】

（双方の主張）

右、幸円則ち地頭押領するの由これを申す。

定朝等また先例においてその職定め置かれざるの旨これを申す。

（幕府の裁定）

先の預所能継《よしつぐ》・利近等の状と号し、問注以後定朝等これを備進すといえども、彼の状をもって左右なく是非せられ難し。然れば先例を庄屋に尋ね問わるる所なり。

【意訳】

一．弘瀬郷の惣追捕使職の件

（双方の主張）

右の件について幸円は「地頭がこの職を押領している」と訴えた。

それに対し、定朝等は「以前からその職は置かれていない」と述べた。

（幕府の裁定）

この件は、先の預所である能継・利近らの書状に書いてあることだといって、定朝らが問注（法廷での審問）が済んだ後に提出してきた。しかし、その書状を以てすぐさま是非を判断し難い。先例がどうであったかを庄屋に尋問せよ。

【解説】

⑴幸円は判決19において山田郷の惣追捕使について「今はいない」といっているが、弘瀬郷の惣追捕使については「地頭が押領している」と抗議している。定朝は「弘瀬郷にそんな職はもともとない」といっている。これをどう理解したらいいのか。

⑵判決19で説明したとおり、惣追捕使とは源義経・行家を捜索・逮捕することを名目とする戦後処理的な

職だった。石黒荘の院林・太海郷には惣追捕使がいたと記載された御教書や下知状が残っている。

(3)いずれにしても追捕使は人身の追捕・検断にかかわる職である。弘瀬郷の藤原氏は幕府から地頭職を補任され、承久の乱以降は検断権も有していたと思われる。そうした行為をにがにがしく思っていた幸円が「定朝は惣追捕使のすることまでやっている」と問題視したのか、それとも追捕使職という報酬を定朝が得ていたことに抗議したのであろうか。

(4)この問題も「庄屋(庄家と同じ意味と思われる)に先例を訊く」くらいではどうにもならないのではないか。そもそも追捕使を補任したかどうかの記録を、補任権を持つ幕府自身が持っていなかったのだから。

判決21「公文職事」

【原文】

(幕府の裁定)

右、相互雖申子細、所詮、就元久二年御下知状、宝治二年被付地頭畢、彼御成敗之趣、無指相違之間、不及改沙汰、然者、地頭兼帯之、任先例、可相従領家方所務焉。

【読み下し文】

(幕府の裁定)

右、相互に子細を申すといえども、所詮、元久二年御下知状について、宝治二年地頭に付けられおわんぬ。彼の御成敗の趣、さしたる相違なきの間、改めて沙汰に及ばず。しかれば、地頭これを兼帯し、先例に任せ、領家の所務に相従うべし。

【意訳】

一・公文職の件

（幕府の裁定）

お互いに細かな事情を述べているが、結局、元久二年の下知状（L）を根拠にして、宝治二年（の裁許状で）地頭に公文職を付している。その裁決が間違っていたというようなことが特にないので、改めて裁許する必要はない。従って、地頭が公文職を兼務し、先例に従って、領家の荘務に従事すべきである。

【解説】

(1)荘園には地頭（下司）の外に公文という荘官がいた。その名の通り、諸々の「公文書」を作成するのが主な役目であったが、荘園の下級荘官として百姓を監督し、年貢・公事など諸々の荘務を手伝った。現地を掌握する上で重要な地位にあり、その支配権をめぐっても領主と地頭が争った。

(2)だがこの問題はずっと昔に決着が付いていた。幕府は元久二年の下知状（L）により、地頭も公文も藤原氏の兼務を安堵しており、宝治二年に起きた相論の際も、それを認めていた。

判決22「幸円吐悪口由事」

【原文】

（幕府の裁定）

右、彼是共以雖申子細、所詮、奉行人明石左近大夫兼綱・平内左衛門尉俊職令聞之由、両方令申之間、被尋問之処、如申状者、非指悪口之間、不及沙汰焉。

【読み下し文】

（幕府の裁定）

右、かれこれ共にもって子細を申すと云えども、所詮、奉行人明石左近大夫兼綱・平内左衛門尉俊職）、聞かしむるの由、両方申さしむるの間、尋問せらるるの処、申状の如くんば、さしたる悪口にあらざるの間、沙汰に及ばず。

【意訳】

一．幸円が悪口を吐いた件

（幕府の裁定）

右の件について両者あれこれと事情を申しているが、結局は、裁判所の役人である奉行人明石左近大夫兼綱と、平内左衛門尉俊職を通じて、両者の申すことを尋問させた。その報告書によれば、たいした悪口ではないといっているので、裁定する必要はない。

【解説】

⑴悪口とは今でいう「名誉棄損」のことか。根拠なく他人を誹謗することは重罪とされた。貞永式目（御成敗式目）第一二条によると、「問注の時悪口を吐けば、則ち論所（＝争点となっている領地）を敵人に付けらるべし。また論所の事、その理無き者は、他の所領を没収せらるべし。所帯なき者は、流罪に処せられるべきなり」とある（第一章5項を参照のこと）。もちろん悪口の本来の意味は、事実に反することを述べることで、事実の通りであれば悪口にはならなかった。

(2)武士である藤原氏の言葉づかいはあまり丁寧ではなかったと想像されるが、同じく武士である奉行人には悪口には聞こえなかったらしい。『吾妻鏡』には、幕府がスタートしたばかりの頃、頼朝邸内の東西にある小さな建物を問注所と号したとある。頼朝邸内に多数の訴人が集まり、怒号・喧噪が飛び交ったため、頼朝はそれにうんざりし問注所の移転を命じたという。

判決23「定朝・定時籠置強窃二盗事」

【原文】

（幕府の裁定）

右、訴陳状之外、無別子細之由、両方申之、而如彼状者、子細不分明之間、仰守護人所、可被尋究也焉。

【読み下し文】

（幕府の裁定）

右、訴陳状の外、別の子細なきの由、両方これを申す。しかるに彼の状のごとくんば、子細分明ならざるの間、守護人所に仰せて尋ね究めらるべきなり。

【意訳】

一・定朝・時定（原文の定時は間違い）が二人の強盗を捕らえ置いた件

（幕府の裁定）

右の件について、訴陳状の外には特別の事情がないことを申している。しかるにその訴陳状は事情がはっきり分からないので、守護人所（＝守護のいる役所）に命じて事実を尋ね究められるべきである。

【解説】

⑴訴陳状とは、訴人（原告）の提出する訴状および論人（被告）がそれに反ばくした陳状のこと。中世の訴訟裁判では、訴・陳状の交換を三回まで認められた。これを「三問三答」といい、そのあとに門注（口頭弁論による対決）が行われる（第一章5項を参照のこと）。

⑵裁許文が短かすぎて事情がよく分からないが、地頭である定時と時定が強盗を捕らえてしばりつけたことを幸円が問題にしているのであろうか。つまり地頭に検断権はあるのかという問題。かつて荘園内の検断権は領主だけが持っていたが、幕府が守護・地頭を配置してからは検断についても二重支配となった。

11 市

市、市場のことを中世では「市庭」と表現していた。「庭」とは人々が共同で何かの作業や生産、あるいは芸能を行う場所を意味した。網野善彦著「歴史を考えるヒント」によると、我が国の歴史では「市庭の空間（ができ）、市のたつときに商人がやってきて、借屋で店をひらくような場の近くに『在家』といわれた、恐らく酒屋や借上（かしあげ＝金融業者）などの家が並び集まるようになり、本格的に都市が形成される」発展経緯をたどった。

しかし弘瀬郷にあった二つの市庭は、今は神社だけが残り、周りは田圃である。昔はどんな市が立っていたのだろうか。

判決24「天満・高宮両所市事」

【原文】

(双方の主張)

右、幸円則件市者、或百姓分、或立預所分地之処、不相交預所之由申之。

定朝亦為地頭沙汰、立地頭開発新田幷無主荒野之間、不相交預所、若又預所令立市於荒野者、地頭不可支申之旨申之者。

(幕府の裁定)

件市下地幷立市之時、預所令合力否、被尋問可有左右矣。

【読み下し文】

(双方の主張)

右、幸円則ち件の市は、あるいは百姓分、あるいは預所分の地に立つる処、預所を相交えざる由、これを申す。

定朝また地頭沙汰として、地頭開発新田ならびに無主の荒野に立つるの間、預所を相交えず。もし又預所、市を荒野に立てしむれば、地頭支え申すべからずの旨、これを申す。

(幕府の裁定)

件の市の下地ならびに立市の時、預所合力せしむるや否や、尋問せられ左右あるべし。

【意訳】

一．天満と高宮の二か所の市の件

（双方の主張）

右の件について幸円は「天満と高宮の市は、百姓分あるいは預所分の地に立てたのに、預所に何の相談にも来なかった」という。

これに対し定朝は「市は、地頭が沙汰すべき問題として、地頭が開発した新田と誰のものでもない荒地に立てたので、預所には何も相談しなかった。もし、預所が市を荒野に立てたのであれば地頭は関知しなかったであろう」と述べた。

（幕府の裁定）

この市場の下地が誰のものであったか、あるいは、市場がつくられた時に預所が協力したかしなかったかを尋問したうえで裁決すべきである。

【解説】

⑴宝治の内検帳によれば、「天満」は弘瀬郷東方にあった現在の天神社であり、「高宮」は高宮村にあった現在の比賣神社を指す。小矢部川をはさんだこの二つの神社の境内ないしはその神社に付帯する場所で定期的な市が開かれていた。小矢部川の水運を利用して物資の交易が行われ、金銭および為替などの取引も行われていたであろう。

⑵両市庭とも地頭が開設したとみられる。神社に付帯し、地頭とのつながりが深い修験（山伏）の系統が支配していたと考えられる。また、判決８「苅取高宮村新田作稲由事」に見られたように、高宮市庭には市庭在家があり、住民が住んでいた。一般に、中世の市場在家は商農未分離のものが多く、幾何かの田地を

保有するとともに市に販売座席を持つ商人としての役割を果たしていた、といわれている。

12 止まぬ地頭の押領

最後の二件については、裁許状の終りに近いところに書かれている。地頭の押妨を押しとどめたい領家・預所にとって、一番解決してもらいたい問題だったと思われるのだが……。

判決25「御服幷所当未進事」

【原文】

（幕府の裁定）

右、両方任申請、早遂宝治二年以後結解、有未進者、任被定置之旨、可令弁償焉。

【読み下し文】

（幕府の裁定）

右、両方申し請うに任せ、早く宝治二年以後の結解を遂げ、未進あらば、定め置かれるの旨に任せ、弁償せしむべし。

【意訳】

一・御服（綿）ならびに所当の未進の事

（幕府の裁定）

両者の申請をよく聞いて、早く宝治二年以降の結解《けちげ》（＝納付分と未納分を計算すること）を行い、もし未進があれば、規定に従って弁済しなければならない。

【解説】

⑴領家へ納める主な年貢は、御服綿と所当（米）であったが、地頭はいろんな理由を付けてきちんと納めていなかった。年貢は通常年内に納入され、残された分は年をこえて催促されたが、それでも納入されない分が「未進」となった。

⑵この判決によると、地頭は宝治二年（一二四八）以降弘長元年までの十三年分の未進の清算を命じられた。だが、実際にはこの判決は守られておらず、弘長のあとも未進が続いた。そして弘安元年（一二七八）の和与状（第三章1項）および正応二年（一二八九）の下知状（第三章2項）へと、未進問題はずるずる引き延ばされていった。

⑶弘瀬郷の年貢米は山田郷の分と一緒に領家の倉に保管された。というのは、第三章3項の延慶四年「竹内地頭藤原定継の請文」によって，「山田郷に領家の倉があり、そこに弘瀬郷から年貢を運んでいた」ことが明らかになるからである。倉庫はおそらく大井川の河畔で「安丸」という小字が今も残っているところ（現南砺市梅原の最北部）にあったと思われる。なぜなら、安丸という地名は預所名「安丸名」と同一であり、山田・弘瀬両郷を支配する領家（本所）の本拠地の一つであった可能性が高い。

平成年代の富山県福光町の発掘調査によると、大井川右岸にあたる「梅原安丸遺跡」や「梅原落合遺跡」から中世の船着き場跡が発掘された。船着き場の岸には、倉庫や馬小屋と見られる掘立柱建物跡が残っている。「安丸」の地に集荷倉庫があり、そこから小矢部川を使って富山湾の港まで運び、敦賀港ないし小浜港↓琵琶湖を経由して京都へ運ばれたとみられる。

⑷文永元年（一二六四）には弘瀬郷の訴訟で費用がかかり過ぎたのか、領家仁和寺の僧正行遍が鎌倉の金貸しから百五十貫文の借金をした。行遍が亡くなったあと、同寺の僧二人が遺産を受け継いだが、その後も返済が滞ったため、文永八年（一二七一）に近江国・琵琶湖の堅田港で山田郷の年貢運上船が差し押さえられるという事件が起きた。地頭がきちんと年貢を納めず、領主の台所は次第に苦しくなっていったようだ。

判決26「地頭等押領百姓名田事」

【原文】

（双方の主張）

右、如幸円申者、於平民者四十名、至地頭分者、重松廿宇加脇在家十九宇定也、而定朝・定時等押領往古百姓在家幷領家開発之地、或召仕之、或為屋敷、或称公文分之間、遂検注、任建久取帳、擬致沙汰之処、定朝等不叙用云々。

如定朝申者、領家開発事、不実也、有限百姓十七名所役無懈怠、百姓四十宇幷在家検注事、不承及、仍難申領状云々。

（幕府の裁定）

爰如建久取帳者、云田地、云在家、共以遂実検事、勿論歟、而遁使節、押領在家之条、無其謂、然則可遂在家検注、但、於有限地頭公文等在家者、任建久取帳、可除之也矣。

【読み下し文】

（双方の主張）

右、幸円申す如くんば、平民においては四十名、地頭分に至りては重松二十字（脇在家十九字を加えたもの）なり。しかるに定朝・定時等往古の百姓在家ならびに領家開発の地を押領し、あるいはこれを召し仕い、あるいは屋敷をなし、あるいは公文分と称するの間、検注を遂げ、建久取帳に任せ沙汰を致さんと擬するの処、定朝等叙用せず」と云々。

定朝申すごとくんば、「領家開発の事、不実なり。限りある百姓十七名の所役に懈怠なし。百姓四十字ならびに在家検注の事、承り及ばず。よって、領状申しがたし」と云々。

（幕府の裁定）

ここに建久取帳のごとくんば、田地と云い、在家と云い、共に以て実検を遂ぐる事、勿論か。しかるに使節を遁れ、在家を押領するの条、その謂れなし。然れば則ち在家の検注を遂ぐべし。但し、限りある地頭・公文等の在家においては、建久取帳に任せ、これを除くべきなり。

【意訳】

一・地頭らが百姓名田を押領する件

（双方の主張）

右の件について幸円は「平民（＝百姓）の名田が四十名ある。地頭分は重松名二十字（この二十字は脇在家十九字を加えたもの）ある。それなのに定朝・定時らは、昔からの百姓在家や領家が開発した土地を押領し、あるいは百姓を召し使い、あるいはその土地を屋敷にし、あるいは公文分（の名田）だと称しているので、領家が新たに検注を行い、建久の取帳に従って元通りの沙汰をしようとしても、定朝らは言うことをきかない」と訴えた。

これに対し定朝は「領家が開発したというがそれは事実に反する。限りある百姓十七名の所役は決められた通り怠りなく納めている。百姓名が四十宇であるとか、在家・検注に関することについては聞いたことはない。よって領家の主張は領状《りょうじょう》（＝承知）しがたい」と述べた。

（幕府の裁定）

建久の取帳の中で、田地といったり、在家といったりしているが、いずれも実検に基づくものに間違いないのであろうか（そうではないのではないか）。実検使の派遣をのがれ、在家を押領したというが、地頭側にはそんなことをする理由はない。もしそうであれば在家の検注はすぐに行うべきである。ただし、すでに決められている地頭・公文の在家については、建久の取帳通りにして検注の対象外とすべきである。

【解説】

⑴この判決で示された訴陳内容は極めて分かりにくい。まず富山県史による解説から見てみよう。「通史編Ⅱ中世」１３７～１３８頁によると、

①弘瀬郷には、地頭の重松名と預所の安丸名や千手名のような名田がいくつかあったが、そのほかに百姓（平民）名田が存在していた。そして、これらの名田の耕作を請け負う在家（屋敷）があり、また付属の田地（名田）があって、検注の対象となり、さらにさまざまな年貢や公事が課せられていた。

②通例、名と在家は別のもので、名は一名、二名、在家は一宇、二宇と数える。幸円・定朝はこの「名」と「宇」という単位を混用していた。

③少なくとも弘瀬郷には六十宇（名）の在家があり、そのうち地頭の重松名に二十宇が付属し、残りの四十宇は平民在家だったのであろう。地頭は百姓十七名の所役は納めていると反論しているので、四十宇のうち二十三宇を地頭が押領したというわけである。

④宝治検注の見作田は四十一町余であった。これを平民在家四十宇で請負っていたとすると、在家一宇に見作田一町余という見当になる。「一町在家」というのは（西国の）辺境に多いかたちである。ただし、この推定は宝治の検注帳が重松名の土地を含まないという仮定にたっての話であるから、あまり厳密な議論をするわけにはいかないのだが…。

⑵以上の富山県史の解説は次の前提に立つ解釈である。

①名と宇を混同している。

②百姓在家（名主）四十宇によって四十一町余の見作田が請負われている。重松名十三町は宝治内検帳からは省かれている。

⑶確かにこの判決文では双方の言い分がかみ合っておらず、富山県史のような解釈も可能である。もう少しいろいろなケースを考えてみたいが、ついては論点を二つに分けて検討してみよう。

〔一〕名と宇、つまり名主と在家の問題

・名主とは荘園領主に直属して年貢・公事をとりまとめて納入する責任者であった。「百姓」「平民」とも呼ばれ、彼らが領主から請け負った田地を「百姓名」といった。自分で屋敷を構え、下人・所従らに耕作させたり、作人に小作（再請負）させたりした。中世、このような名主・名田は、百姓の家がムラ的な結合で発展してきた西国の荘園形態に多く見られたという。

・これに対し、在家というのは、百姓の存在をその家屋と同一体としてとらえたもので、名という単位の請負地を持っていない百姓をいう。東国では強力な関東御家人が郡単位の広大な荘園を支配し、一族郎党の地頭たちがイエ的なタテ社会を形成していた。東国においても荘園の本家・領家は貴族や寺社であったが、鎌倉時代の早い段階から事実上の「地頭請所」となっており、百姓は名田を持たず、在家単位で地頭に直属していた。

・名主と在家はこのような違いがあるが、富山県史では、幸円が裁判で「名主・名田といったのは形式的にそういっただけで」、全体が六十の在家で構成されていたと解釈した。

・だが、第三章で示す通り、弘長以降の和与状や下知状をみると、弘瀬郷の裁判では「百姓名」という言葉は「在家」とは区別して使っていると思われる。つまり、幸円が「百姓名四十名、重松名は在家が二十宇」といったのは、両者の単位を混同したのではなく、あくまで領家の認識として「名主・名田の数が四十あり、その一方で地頭の重松名では二十宇の在家を従えて東国風の支配がなされている」とみたのではないか。というのは、定朝側は「百姓名が四十宇あるとは聞いていない」とか、「平民百姓十七名は（地頭が管理して）所役をきちんと納めさせている」といっているように、地頭の方では現にいる平民百姓数を十七と数えているのである。

・つまり、過去に地頭が押領していった百姓名田や名主が存在し、その数が四十と十七の間にあるのであろう。しかし、県史のいうようにそれが二十三にもなるのかどうか。幸円のいう百姓名田四十という数字自体を吟味する必要がある。

・そこで、ほぼ同時代の三例をとりあげる。

①若狭国太良荘（現小浜市、田地面積三十二町余）の場合…永原慶二著「荘園」による。
ここは東寺領で、鎌倉前期には名主が十二人いたが、地頭が関東から入ってきて実効支配を強めたため

六人に減ってしまった。ただし、この名主たちのほかに「小百姓」と呼ばれた農民が四十名余りいた。この人々は身分としては「百姓」であって、一部は名主の屋敷地の中に小屋住みし、あるものは独立した住宅を持っていた。

②山城国上久世荘（現京都市南区、田地面積約六十町）の場合…阿部猛著「日本の荘園」による。初期の検注帳には、数人ないし十数人の名主の名前のみ記されていて、実際の耕作者（直接生産者農民）である「作人」の名前は記されていないのが普通だった。ところが、時代が経つにつれて、作人が年貢・公事負担者として多数登録されるようになる。この場合、元の名主（名田）を「旧名」と呼び、新興の百姓層を「新名」と呼ぶ。上久世荘の場合、旧名約十三であったが、正中元年（一三二四）には新名が五十一に及んでいた。

③弘瀬郷でも、第三章1項の「東方和与状」に見るように、東方だけで「在家十一宇」という大人数の百姓を「地頭側から領主側に引き渡す」という荒っぽい和解案が成立している。

・以上の三例でわかるように、名主と在家とを問わず、時とともに農民の階層分化が進み、百姓といわれる人たちが増えていった。明確に「本百姓」といえるような名主の外に「小百姓」「脇百姓」「作人」と呼ばれた農民たちが増え続け、領主の側からみると、彼ら全員をひっくるめて平民百姓や在家と数えてもおかしくなかったのかもしれない。とすれば弘瀬郷全体で百姓が六十在家あったというのはありえない数字ではない。

・ただし、宝治から弘長にかけて田地が増えたとしても、見作田四十一町余ないし郷全体の五十一町余の田地に対応する百姓数としてはさすがに多すぎるといわざるを得ない。

〔二〕宝治内検帳と重松名十三町との関係

・そこで、県史としては、宝治内検帳に重松名十三町は含まれていないとみたわけだ。実際、この内検帳に記載されている「定田（公田）二十一町余」が百姓名田の規模であるとすれば、その中に重松名全部が含まれているとは考えにくい。

・といっても、十三町の重松名（地頭名）は、弘長の裁許後は全く争われていない確定数字である。この矛盾を解くカギは、宝治内検帳の成立過程を再考することにあるかもしれない。宝治二年の検注は預所・地頭双方の立会いの下に実施された。それぞれが別の取帳を作成していたが、いったん十一月に読み合わせが行われ、「目録」が作成された。その後十二月になって地頭方が「重松名がきちんと記載されていない」と申し入れ、両者間で混乱が生じた。だが、預所が目録を仁和寺に送ったのは十一月であり、それが今日残っている「宝治内検帳」である。領主としては重松名からも年貢をとるのだから本来であれば記入漏れがあってはならないのだが、預所はこの目録に重松名を入れなかったのではないか。実際に幸円は裁判の際にこの目録を具書として提出し、重松名の存在を全否定したかったのだから。

・もう一点、幸円は判決14「漆事」のところで「曽波谷、伊加須谷など四箇所の漆については別件の『在家相論』のところで決着を付けたい」といっており、定朝らもそれに同意している。つまり、二十六か条からなる「所務相論」とは別に、在家に関する相論が並行して行われていた。そこでもっと突っ込んだやりとりがあったことが想像される。漆谷のほか畠地や勧農田、神田の一部を重松名と称していた可能性はある。

・この問題の詳細は、新たな史料や根拠が発見されない限りわからない。現状では宝治内検帳をもとに考えるしかないのだが…。

(4)以上、細かな数字にこだわり過ぎたかもしれないが、この判決26で重要なことは、鎌倉時代の荘園内では地頭も名主層も分化が進み、その一方で地頭が百姓名田を奪ったり、百姓を下人化する押領行為が拡大していた、ということであろう。

⑸荘園領主は地頭の任免権を持たないので、地頭の非法は幕府に訴えるしかない。本件では預所、地頭とも自分に有利な数字を唱えていたようにみえる。

幕府としては「地頭の押領があったのなら再検注でチェックするように」という裁決を下さざるを得なかった。再チェックの結果は、現代のわれわれも知りたかったのであるが…。

第三章　その後の弘瀬郷における相論と和与

弘長二年の幕府裁許状が下ったあとも、弘瀬郷における領主と地頭の争いは絶えなかった。武力を背景にした地頭の攻勢がさらに強まっていったからだ。

時代を経るとともに藤原氏一族の分割相続も進み、地頭および地頭の管理する村の数が増えて行った。三代目地頭定朝が活躍した弘長年間から弘安年間にかけて弘瀬郷は西方、東方、高宮村に三分割されていたが、その後、延慶・元弘年間には竹内村や山本村にも藤原一族の地頭が出た。この時代はまだ武士社会で惣領制が保たれていたと考えられるので、定直―定茂―定朝と続く嫡系の藤原氏が、一族の惣領として「御家人地頭」の一派を率い、郷全体を束ねていたと想像される。

一方、相論は弘長以後「村」単位で取り扱われるようになり、鎌倉末期まで何度も裁判沙汰が繰り返された。和解しても、判決が下りても、地頭は言うことを聞かなかった。領家仁和寺に残された文書を通して弘瀬郷支配のその後の歴史をうかがうことができる。

この章で取り上げる和与状や下知状の原文は、富山県史（通史編・資料編の「中世」）にあるものを参考にし、ここでは現代語訳と解説だけを記す。

1　弘安元年（一二七八）の和与

弘長二年から十六年目にあたる弘安元年に領家が再度幕府に訴えを起こした。鎌倉幕府「二方（番）

引付《ひきつけ》」において「西方」「東方」「高宮村」に分けて訴陳が行われた。いずれも和与（和解）が成立したが、和与状が残っているのは東方と高宮村だけである。ここに取り上げた和与状は、東方地頭の「藤原光定」と高宮村地頭の「藤原朝定」とがそれぞれ署名し、領家仁和寺に渡したものとみられる。なお、この和与状には領家方雑掌（裁判担当の預所）の名はないが、次項の下知状の中で、幸円のあとを継いだ「教位阿闍梨」という人物であったことがわかる。

なお、引付とは、鎌倉幕府の五代執権北条時頼が主に御家人の土地関係の訴訟裁判を慎重・敏速に審理するため、建長元年（一二四九）に設けた制度で、室町幕府にも引き継がれた。引付は数方（方は「番」の意。現在の裁判所の「部」にあたる）に分かれ、それぞれ若干名の評定衆・引付衆と奉行人から成るチームで構成されていた。

「円宗寺領石黒荘内弘瀬郷東方領家地頭和与状」（仁和寺文書）　（富山県史　史料編Ⅱ　１２３頁）

【現代語訳】

和与とする。

円宗寺の御領である越中国石黒荘弘瀬郷の領家と同郷「東方」の地頭藤原藤三郎光定による所務（所領管理）についての相論。領家御訴訟として幕府の二番引付において訴陳に及んだ。

一・神田の件　　一・領家年貢の未進の件　　一・山手・河手の件

以上三件については雑掌が訴訟を取り下げた。

一・平民百姓名の件

「夫領」「番頭」の二つの名については領家と地頭の両方で万雑公事を召仕うこと。ただし、平民が逃亡・

死亡した跡地の名主分の取り扱いについては、定められた所役は領家の命令に従って納めること。次に「来仁」名田と、「又四郎丸」名内の田一反小については雑免とし、これらの名では定められた御服の所当についてのみ領家方に弁済すべきこと。

一・在家十一宇の件　　一・田三反二十歩の件

以上の両件については、雑掌方の注文通り（領家のもの）とすること。

一・御田居野畠の件

東は「来光」の本宅から「正二郎」の私宅に至る線、南は正二郎の私宅から山道を「三郎入道」の垣根に至るまで、西は三郎入道の垣根から香城寺道を通って野口に至るまで、北は野口から来光の本宅に至る線の内側は、名主分の畠を除いて領家へ渡すこと。

一・阿土野内畠の件

東は堀波多から梅宮前に至る天満道、南が梅宮北道から「与一入道」の東まで、西は太海大道、北は「紀四郎」南道から東へ堀波多までとし、この内部は領家へ渡すこと。

右の訴訟において双方の言い分はいろいろあったが、和与とするにあたり、雑掌方が訴訟を取り下げた上は、不満を言わない。和与に背いて、境界付近で違反行為を行った場合は、お互いにその身分をはく奪されるべきであり、和与のそれぞれの条項にしたがう。

弘安元年（一二七八）七月五日

藤原光定（花押）

【解説】

⑴年貢未進の件は「雑掌が訴訟を取り下げた」とあるが、取り下げというのは「弘安元年以前の年貢（所当米・御服綿）の未進分を領家側が放棄した」という意味であることが、のちの正応二年（一二八九）の下知状によってわかる。

⑵百姓名の名前がいくつか出てくるが、名田なのに雑免（雑公事が免除される）措置がとられることの意味はよくわからない。

⑶弘長の下知状では「（弘瀬郷全体の）地頭の在家二十宇」という表現がなされていたが、ここでは「在家十一宇は領家のもの」とされた。東方地頭は押領していた在家十一宇を領家に戻すことで了解したのだろうか。だとすれば地頭が大きく譲歩したことになるが。

⑷東方には「御田居野畠」と「阿土野内畠」と名付けられた二つの野畠があり、その内部は名主の決まっている畠以外は領家のものとされた。「東方」とは現在の小坂（村）を中心とするところで、明神川から水が引けない洪積台地の上に広がっていた。宝治の検注帳に記入されていない「野畠」がここに存在したことがわかる。また、この野畠の四至《しいし》（＝四辺の境界）を示すのに、来光、正二郎、三郎入道、与一入道、紀四郎といった名主ないし在家とおぼしき名前が記載されており、私宅や別宅といった百姓屋敷が点在していた様子がうかがわれる。二つの野畠の現在の位置を明確に知ることはできないが、香城寺道、天満道、太美大道などは現在の地名と重なるもので、おおよその場所を比定することはできる。

「円宗寺領石黒荘内弘瀬郷高宮村領家地頭和与状」（仁和寺文書）（富山県史　史料編Ⅱ　１２１頁）

【現代語訳】

和与とする。

円宗寺の御領である越中国石黒荘弘瀬郷の領家と同郷内「高宮村」の地頭（藤原）左近次郎朝定による所務(所領管理)についての相論。領家御訴訟として幕府の二番引付において、次の各件について訴陳に及んだ。

一・神田の件　一・領家年貢の未進の件　一・市の件　一・林の件

以上四件については雑掌が訴訟を取り下げる。

一・平民百姓名の件

このうち、「末遠」「定真」「助依」については領家と地頭の両方で万雑公事を召仕うこと。但し「野老」名については万雑公事を免除し、この名の御服・所当は領家に弁済すること。

一・安丸名の件

弥源太が耕作している三反大三十歩、中二郎が耕している三反ならびに「上田」内の六百束刈の田地は、(預所名である「安丸名」と認められるので）預所へ渡すこと。従って今年（弘安元年）の作毛も預所に渡すこと。

一・新田の件

宝治の取帳に「上田」と記載されている分については、目録を固めて領家分とすること。

一・野畠の件

東は吉江郷との境、南は一沢の薬師堂の北堀、西は赤熊大道、北は山田大道を四至とし、その内側は領家分とする。

右の訴訟において双方の言い分はいろいろあったが、和与とするにあたり、雑掌方が訴訟を取り下げた上は、不満を言わない。和与に背いて、境界付近で違反行為を行った場合は、お互いにその身分をはく奪されるべきであり、和与のそれぞれの条項にしたがう。

弘安元年（一二七八）七月五日　藤原朝定（花押）

【解説】

(1)東方と同様に年貢未進の件は雑掌が「訴訟を取り下げた」とあるが、取り下げは「弘安以前の年貢（所当米・御服綿）の未進分を領家側が放棄した」という意味であることが、のちの正応二年（一二八九）の下知状によってわかる。

(2)東方と同様に雑免措置をとった百姓名があったが、理由は不明。

(3)安丸名に関する部分は、弘長下知状の判決８「苅田高宮村新田作稲由事」と同じ案件だ。弘長の時、件の田は預所の安丸名であると幕府が認めたのに、その後地頭が受け入れなかったので、預所がこの法廷で再度取り上げたのであろう。弥源太と中二郎は預所の下人の名とみられる。

(4)新田などの件で出てくる「上田《じょうでん》」とは最上質の田のことで、当時は田租を定めるため収量に応じて等級分けされていた。中位のものを中田《ちゅうでん》、地味のやせた最下位の田は下田《げでん》といった。弘瀬郷では、新田は一定期間を置いて領家に属する定田（公田）とされた。

2　正応二年（一二八九）の相論

弘瀬郷「西方」は同郷の中で最も早くひらけ、舘（村）には預所の政所と地頭藤原氏の宗家があったと推定される。前項で述べた通り、弘安元年（一二七八）に東方、高宮村とともに西方でも相論が起こり、和与が成立した（西方の和与状は残っていない）。なのに、その十一年後、「西方」でまた争いが発生し、弘安の和与が破棄された。鎌倉法廷で争った結果、今度は和与とは成らず、下知状の形で幕府の裁許が下された。

弘安元年の和与の際の雑掌は「教位阿闍梨」といい、西方の地頭は「藤原定景」であったが、弘安六年（一二八三）に領家の仁和寺僧正が「了遍」から「禅助」に代がわりしており、正応二年になって弘瀬郷の雑掌は「了覚」に代わっていた。了覚はここでの訴状に「石黒庄山田郷内弘瀬西方」と書いたらしく、それが下知状にそのまま記載されている。領家側は、弘長の相論で争った「弘瀬は山田郷の一部」という見解をその後も変えず、山田郷内弘瀬とわざわざ「内」を強調していたようだ。

この裁許状の内容は重要である。弘長の相論を補足・再認・継続した項目がずらりと並んでおり、極めて興味深い。

なお、和与状が残っていない弘安元年の西方の和与において、次の二点についていったんは成立済みだったことが前後の経緯からわかる。

一．所当米・御服綿の未進分について領家の訴訟は取り下げること（東方・高宮村と同じ）。

一．柿谷寺は領家のものとすること。

「関東下知状」（仁和寺文書）（富山県史　史料編Ⅱ　１３６頁）

【現代語訳】

越中国石黒庄山田郷内弘瀬西方雑掌了覚と地頭藤原左近三郎定景による所領・年貢等に関する相論の裁許状

一．所当米ならびに御服綿の件

雑掌了覚は「弘安元年に前の雑掌であった教位阿闍梨が地頭定景とかわした和与状が破棄された以上、弘安元年以前の年貢についても結解（清算のための計算）をして地頭は未進分の年貢を納入すべきである」と主張した。だが、先の雑掌が和与した時点から遡ってそれ以前の未進を弁済することは事実上困難である。弘安元年以後の未進分についてだけ結解して弁済するよう定景に命じる。

一．新田の件

両方から提出された弘長二年の下知状によると、新田に関しては「宝治検注の取帳に記載されている通り領家の権利を認め、地頭の濫妨を停止し、目録を固めよ」と書かれている。雑掌了覚は宝治検注から年月が経ったことを理由に「初任之検注」（領家の代がわりのはじめに行う検注のこと）を行いたいと主張し、定景も承服した。であれば初任之検注を実施し、目録を固めればよい。

一．領家佃の件

弘長の下知状には「正治の目録の通りにすべし」と書かれ、正治の目録には「領家佃三町一反三百歩」と載せられている。ただし、佃がどこにあるかははっきり記されていなかった。そこで（西方地頭）貞景は、領家佃の設定場所を弘瀬郷の各地域の田数（の比率）に応じて配分すべきだと主張した。しかしながら、宝治以後は西方に置かれており、それで異義がないのだから元の通りにすべきである。

一．弘瀬郷追捕使の件　一．山手の件　一．天満市の件　一．柿谷寺の件　一．漆の件

以上の件については、弘長二年の下知状で「庄家に尋問して決定せよ」といっているから、その通りであ

り、これ以上新たな判断は下さない。
一・勧農田の件　一・松本名の件
雑掌了覚は、右の二件について地頭が押領したといい、地頭定景は事実無根だと主張した。地頭の押領があったかどうかは「御使」（国守護の使いという意味と思われる）が弘瀬郷に入部した際に調査して結論を出すべきである。
一・定景が領家政所を追捕（強奪）して作稲を押取った件
雑掌了覚は次のように申し立てた。「柿谷寺は、地頭が進止してきたところであったが、弘安元年の和与の際に定景が領家に去り与えた。ところが争いが再燃して和与状が棄破され、地頭定景は再び下地を進退（支配＝進止と同じ）するようになった。地頭定景は預所代の住宅を奪い、作稲を押取した」と。（幕府の判断としては）定景が預所代の住宅を奪ったという確かな証拠はなく、裁決を下すことはできない（了覚の訴えは却下する）。
一・河手の件
双方とも言い分はあるだろうが、鎌倉殿は全国一律に停止していることなので、河手をとってはならない。
以上の各件について鎌倉殿の仰せに基づいて下知する。
正応二年（一二八九）二月三日
前武蔵守平朝臣（北条宣寺）（花押）
相模守平朝臣（北条貞時）（花押）

【解説】

⑴前出の「所当米ならびに御服綿の件」の裁許文を読むと、弘長二年以来の弘瀬郷（西方）の年貢未進問題の経緯が分かる。時代順にみると、

①弘長二年（一二六二）の下知状において「所当と御服綿の未進分については、宝治二年（一二四八）以降の結解を遂げる（清算する）ように」と命じられた。

②弘安元年（一二七八）にも未進があると訴えられた。この時は、和与によって「弘安元年までの未進分は免除する」ことになった。

③ところが今回の正応二年（一二八九）の相論までの間に地頭が弘安元年の和与状を破棄したため、預所は「弘安元年以前の未進分も弁済しろ」と訴え出た。

④これに対する幕府裁決は「弘安元年以降の分を清算するように」となった。さすがに一度和解した時まで遡ることはなかったが、地頭の年貢未進が恒常的になっていたことがわかる。

⑵雑掌了覚は弘安六年（一二八三）に領家トップ（僧正）が代わりした機会をとらえて、臨時的に行う内検ではなく正検注を行いたいと申し出た。この時は定景もさすがに断り切れなったようだが、実際に正検が実施されたかどうかは不明である。

⑶領家佃（をどこに設定するか）の件も面白い。幕府は正治の目録に書いてあった通りの田数（三町一反余）を認め、定景も受け入れざるを得なかったが、定景としては西方地頭の立場から、それを東方や高宮村に分散させたかった。だが、今回の裁決によって、これまで通り、弘瀬郷で最も古く開けた西方に置かざるを得なかった。

⑷柿谷寺をめぐる地頭と領家の長年の争いも、今回の裁許「定景が領家政所を追捕して作稲を押取った件」

によって過去からの経緯が分かる。それをまとめると、
①二代目地頭定茂の時代に、柿谷寺の院主職と神田を息子の良清に与え、良清は院主職を師の明鑒に譲った。
②明鑒が院主のときに、弟子たちが千手堂で四一半の博打をしていたのを預所の幸円が検断し、以後幸円が柿谷寺に住みつき、領家政所を置いた。
③弘安元年の和与の際に、定景は正式に柿谷寺を領家に去り与えた。
④その後争いが再燃し、今回の正応の相論の時点で雑掌了覚は「地頭が柿谷寺の下地と神田の作稲を押取り、預所代の住宅を強奪した」と訴えた。
幕府の裁定は、了覚の訴えが「証拠不十分」としてこれを認めなかった。

結局のところ、領家が柿谷寺を進止していた時は、領家政所を柿谷寺に置き、預所や預所代の住居も同寺院の境内ないしその周辺にあったが、地頭はその柿谷寺を実力（暴力？）で再奪取したことになる。だが、地頭は柿谷寺をいつまで支配し続けられたか。それがわかるような史料や痕跡は発見されていない。

⑸河手は、弘安七年（一二八四）に幕府が全国一律に禁止し、越中では守護名越公時が施行していた。

3　延慶四年（一三一一）竹内地内における和与

弘瀬郷における領家と地頭の争いは十四世紀になっても続けられ、竹内地内で地頭「藤原定継」と雑掌「清賢」の間で和与が成った。竹内村は、弘瀬郷の北側に位置して石黒上郷との隣接地にあり、当時明神川から

の水を頼りにしていたが、用水路が未発達だった。

争いの対象は、同村の「吉五方」と呼ばれるところにあった地頭名「重松名」の年貢未進をめぐる対立だった。吉五方では三十三年前の弘安元年に検注が行われていたにもかかわらず、その検注帳の内容が目録として固められないままになっていた。そこで両者は、まず昔の検注帳をもとに目録をつくることで合意し、その目録に基づいて未進分を清算するという二段階作業を経て和解が成立した。

この和与状と検注目録の内容によって、竹内村の地頭名から領主に納入されていた年貢の種類と量（金額）が分かる。貴重な史料である。

「円宗寺領石黒荘弘瀬郷内竹内地頭藤原定継請文」（仁和寺文書）（富山県史　史料編Ⅱ　162頁）

【現代語訳】

円宗寺領石黒庄内弘瀬郷の雑掌清賢と竹内地頭藤原小三郎定継との年貢検注に関する相論

右の件について雑掌が幕府に訴えを起こし、幕府から度々御教書が出されていたので、私も参上して訴陳をしたいと思っていたところ、今般和与の話し合いがつき、雑掌側が訴訟を取りやめました。検注目録を固めたうえで未進分の弁済が完了したためで、今後の年貢については毎年十一月中に目録通りの額を山田郷にある領家の倉へ納入します。もし未進・懈怠《けたい》（＝権利を無視して行うべきことを行わない）があった場合は、倍の利子をつけて沙汰をいたします。以上の件について後日証文を書くことにします。

延慶四年（一三一一）二月十七日

地頭藤原定継（花押）

【解説】

(1)これは地頭定継が和与の経緯とその内容を書いて、請文（上位者に対してあることを約束するために書かれた上申文書）として領主仁和寺に渡された文書である。

(2)三十三年前の弘安元年の検注に基づいた「検注目録」を作り、それによって清算したというのがポイントだが、次に示すのがその目録内容である。

(3)この和与状により、弘瀬郷の年貢を納める領家の倉庫が山田郷にあったことが明らかとなる。倉庫があった場所は、判決25の解説部分で指摘した大井川右岸の現在の梅原・安丸地域と思われる。領家仁和寺は、自ら度々主張している通り、両郷を一体運営していた様子がうかがえる。

「円宗寺領石黒荘弘瀬郷内重松名吉五方実検目録」（仁和寺文書）（富山県史　史料編Ⅱ　162頁）

前記、藤原定継の請文で言及された「検注目録」の内容がこれである。弘瀬郷の重松名のうち竹内地内「吉五方」といわれる場所で、弘安元年（一二七八）に検注が実施された。検注データはその後三十三年間放置状態に置かれていたが、延慶四年になり、地頭定継と預所清賢の和与によってやっと目録として完成された。

【現代語訳】

越中国石黒庄内弘瀬郷重松名吉五方（竹内村）における弘安元年の作田実検目録を以下に注進す（カッコ内は筆者が記入）。

（田地について）

惣田数　二町七反小（百二十歩）

不作田　一町二反二百四十歩

（内訳）　常不　二反

年不　二反

河成　三反大（二百四十歩）

当不　五反

見作田　一町四反大（二百四十歩）

（内訳）　地頭給田　一町

定田　四反大（二百四十歩）

（年貢について）

分米　二石四斗八升六合二夕二才

（内訳）　井料　二斗

定御米　二石二斗八升六合二夕二才

御服綿　三分四朱四黍

反別布代　五十文

実検目録は以上の通り。

延慶四年（一三一一）二月十七日

地頭藤原定継（花押）

御使清賢（花押）

【解説】

(1)吉五方はすべて重松名（地頭名）とされるが、総田数二町七反百二十歩のうち約四六％にあたる一町二反二百四十歩が河成《かわなり》（＝洪水により耕作不能になった地）や常不・年不（一年ないし長期にわたる不作地）、当不（作付けしない土地）といった不作田であった。見作田は総田数の五四％に当たる一町四反二百四十歩しかなく、しかもそのうち地頭給田が一町を占め、地頭が年貢納入を義務付けられた定田はわずか四反二百四十歩であった。

(2)気になるのは、宝治二年の実検帳で地頭に与えられた給田は一町だったことだ。吉五方の給田面積と同じである。宝治以降時代を経ているので、その間に地頭給田が移動したか増えたのかもしれないが、吉五方というのは弘瀬郷における地頭給田の全てだった可能性が高い。

(3)次に地頭に年貢が課せられた定田四反二百四十歩を見てみよう。年貢は「分米」「御服綿」「布代」の三種類であり、その内訳をみると、

①分米（米による年貢高）は二石四斗八升余り。これからさらに井料の二斗が現地で差し引かれ、山田郷にある領家の倉庫に納めるのは「定御米」と記された二石二斗八升余であった。井料《いりょう》とは灌漑用水に対する修繕料あるいは使用料のことで、灌漑用水の管理は荘園領主の権限のもとにおかれ、保全のための費用は領主が負担した。

②御服綿（真綿）は三分四朱四黍。

③布代は五十文。

これまでの下知状や和与状で見る限り、弘瀬郷の年貢は米と御服綿の二本立てのようであったが、ここでは「布」（麻布のことと思われる）も年貢として徴収されていた。米と真綿を基本的な所当として、それぞれの地域・場所に応じた他種の年貢が賦課されていたのかもしれない。

綿と布の年貢収取単位が金銭表示されているので、いずれも代銭納だったようだ。換金のための市の存在価値が確認される。

⑷この三種類の年貢を単位面積当たりで計算すると以下のようになる。

①分米　　一反当たり五斗三升二合七夕六才
②御服綿　　五反当たり一両
③布代　　一反当たり十文七一四

⑸百姓名に対する年貢率も地頭名と同一だったとすると、一般の百姓名の公田耕作者の負担を次のように推定できる。

①年貢のうち米は斗代五斗三升二合余。これは、当時の我が国の荘園の年貢率としてはかなり多い（重い？）方であり、上田と評価された田に対する田租であったと思われる。
②御服綿は五反当たり一両。これは判決４「御服綿事」で示されたように弘瀬郷における規定の年貢率であった。麻布については全名田一律に課されていたかどうかわからない。
③この外に、地頭から一反五升の加徴米が徴収された。
④さらに、以上の年貢・加徴米に加えて領主（預所）からは諸々の雑公事、夫役が課せられた。
⑤江戸時代の加賀藩改の作法時代のトータル課税率は農民の全収穫量の八割くらいだったという説が一般的だが、鎌倉時代の荘民にとっても相当な酷税だったことは間違いない。

4　元弘三年（一三三三）山本村における「地頭請所」契約

武士による荘園・公領への侵略は時代が経つとともにさらに激しくなっていった。荘園領主・知行国主らは収入を確保するため、地頭に一定額の年貢納入を義務づける代わりに現地管理の一切を請負わせる「地頭請所」を提案するようになった。地頭請所となってもほぼ例外なく年貢の未進が続いており、武士の荘園・公領支配が一層進むこととなった。これが室町時代の「守護請」や「半済」といった制度につながっていった。

弘瀬郷の地頭請所は山本村で始まったようだ。ここで「山本村一分地頭《いちぶじとう》」という言葉が出てくるが、郷のような広い範囲を統轄する地頭を惣地頭と言ったのに対し、分割相続によってその一部地域を担当することになった地頭を一分地頭と呼んだ。

この和与（地頭請所契約）は鎌倉幕府が倒れた直後の大混乱期に京都で結ばれた。

「円宗寺領石黒荘内広瀬郷山本村雑掌地頭和与状」（仁和寺文書）（富山県史　史料編Ⅱ　１８７頁）

【現代語訳】

和与とする。

越中国広瀬郷雑掌経泰と山本村一分地頭孫六定頼の相論三分弐壱の件

和談の内容は以下の通り。（山本村の）三分の二の年貢は「地頭請所」とし、毎年七貫文を干ばつ水害その他の被害損失にかかわらず、翌年の三月中に京都まで進済する。ただし、越中国が平均して大きな被害が発生した時は五分の一を減ずることができる。ただし、一粒といえども未進や懈怠があった場合は、四分の三を領家分とする。今後はお互いにこの決まりに違反してはならない。後日和与状を作成する。

元弘三年（一三三三）十二月十四日

藤原定頼代定利（花押）

定頼在国之間、秀定加判形（花押）

【解説】

(1)地頭請所とは、鎌倉時代の荘園支配形態の一つ。荘園領主と地頭が契約を取り交わし、毎年一定額の上納分を領主に納めることを条件として、地頭がその荘園の年貢徴収を含む管理一切を任される制度。領主からみれば豊作・凶作の作柄によらず一定額の収入を確保でき、地頭側は不作時のリスクはあるものの上納額以外はすべて自分の収入となるという利点があった。

(2)山本村の地頭請所は、山本村全体の年貢を領家三分の二、地頭三分の一の配分比率とした。

(3)この時代になってくると、年貢の米は京都へ運ぶとしても、支払いは金銭で済ますことになっていたことが分かる。山本村の年貢の三分の二が七貫文だったとすると、村全体では十・五貫文だったことになる。

(4)この契約が成立した元弘三年は大変な年だった。二月、後醍醐天皇が隠岐を脱出した。五月、足利尊氏が反幕の姿勢に転換して京都の六波羅探題を襲い、新田義貞が鎌倉を陥れ、鎌倉幕府が滅んだ。後醍醐天皇は六月に京都に入洛、新しい政治を開始しつつ越中国にも綸旨を出して新たな所領安堵に着手した。この契約はこの年の十二月京都（仁和寺と思われる）において成立した。

(5)騒然とした世情であったためか、署名人の名前を見ると、和与の当事者である山本村一分地頭の孫八定頼は在国していたようだ。地頭代官の定利が京都で交渉にあたったが、定利だけでは心もとなかったのか、秀定という人物が判形を加えて交渉が成立した。ただし、この文書の端裏に地頭孫八本人の署名があった。

（了）

弘長二年　関東下知状全文

前田育徳会所蔵文書（東京都目黒区　尊経閣文庫）
（富山県史　資料編Ⅱ中世　87頁）

円宗寺領越中国石黒庄弘瀬雑掌幸□定朝・左近将監時定・藤四郎宗定相論条々

一、地頭職事

右、対決之処、如幸円申者、弘瀬者山田郷内也、往古領家進止之処、故右大将家（源頼朝）幷左衛門督殿（源頼家）御時、飯禁（埜カ）三郎康家・新□四郎維憲・渋谷三郎有雅、雖宛給地頭職、依本所御室御訴訟、被停止畢、而定朝祖父定直罷成領家房人之間、自領家、補任下司職畢、貞直起請文幷怠状及名薄（簿）進覧之、且訴訟出来者、可停止地頭職之由、被載元久三年御教書畢、背此状等、敵対領家、押領郷務之上、早任御契約、停止定朝等地頭職、可被付領家、如定朝等申者、弘瀬者各別之地也、全非山田郷内、以山田・弘瀬両郷、為一庄、以石黒上・中・下、為一庄、以吉江・太海・院林・直海・大光寺五郷、為一庄、所謂三箇庄是也、何以山田郷御避文、可備弘瀬郷証文哉、次貞直者、自領家、補任下司職由事、平家以往者、不及陳答、木曽左馬頭（義仲）成給安堵下文之後、為関東御家人、給代々将軍家御下文之上、不及子細歟、次元久御教書事、為付年号之間、不審也、貞直起請文□奉為領家忠勤也、何以彼状、可令子孫進退哉、怠状事、同前、以弘瀬、為山田郷内、無地頭之由、令存知者、公文職幷新田事、領家何可為定朝請文之乞状哉、然而地頭不令叙用之、三代相伝之地、輙不□乱歟云々、幸円申云、弘瀬為山田郷内之条、康和五年平家政所幷貞直起請文以下文書明白也、又遂問注之最中、掠給□文之条、甚奸謀也、就中先御教書同令掠給□召出補任御下文云々、定朝　申云、山田・弘瀬為□山田□

□職避文、不可押妨之条、元久御教書以下証文明白也、次如貞直起請文者、山田庄弘瀬之由、載之、無内字之間、不足証拠、元久御教書者、就先預所弁継訴状、被成下畢、如彼申状者、端書則山田内之由注之、状中亦、山田・弘瀬両郷者、往古一庄之旨、所令書也、各別之条、無異儀、次定直怠状事、年来不知及之上、判形相違之間、頗偽書也云々、爰如幸円所進寺家政所康和元年下文者、越中国石黒庄山田、可令橘為成勤仕広田内参百参拾柒町壱段百弐拾歩□地而雑事云々、如右大将家六月十六日（元暦元年）・左衛門督家元久元二十四年《マヽ》御教書幷□下知状者、被停止山田郷地頭職之由、被載之、如貞直建久三年名薄《簿》者、正六以上藤原貞直云々、如建仁三年同起請文者、山田庄弘瀬郷下司貞直起請文事、自今以後、始自本家・領家、至京下使、一事不可背所命、有内外致腹黒者云々、如弁継元久二年十二月訴状、貞直背起請、所致非法沙汰也、山田・弘瀬両郷者、往古一庄也、被停止山田郷地頭職之日、弘瀬方何可有別地頭哉云々、如二月十四日付元久三年御教書者、石黒庄山田郷内弘瀬方中司弁継解状如此、条々罪科依難遁、伏道理、可停止私新儀之由、書進起請文之由、蒙御後免、給身暇下向之後、即巧猛悪、抑留有限恒例臨時御寺役之由、載之、事実者、所行之旨、甚以不当也、早任起請文、可従領家御命、猶訴訟出来者、可令停廃其職也云々、如同三月貞直怠状者、従領家所命、可停止貞直新儀非法条々、子細先進起請文所載也云々、而定朝等所進留守所治承五年八月・木曽左馬頭同六年二月□者、以定直、可為弘瀬村下司職云々、如比企藤内朝重六月十四日（不載年経）者、庄家者、依鎌倉殿仰、山田可沙汰也、弘瀬事者、僻事也云々、如大田兵衛尉朝季閏十月廿一日状者、年来有限地頭沙汰事、不可有異儀云々、如建仁三年十一月三日御下知者、朝季郎従頗有謀叛□之時、貞直遅参之由、雖令風聞、如国人等申状者、京上之後、去九月八日令帰国、無遅参之科歟、於今者、可令安堵本所云々、如元久元年四月十七日御教書者、給山田郷押混令押領云々、早可令停止自由押領也、若又有由緒共、企参上、可遂対決云々、如同七月十日御教書者、山田郷地頭惟憲事、自御室、被仰下之間、被止其職、幷至弘瀬郷者、無被止地頭事、無指其科、御家人等所知、争無左右、可被停止哉云々、如同二年二月御教書者、弘瀬郷地頭得分幷公文職事、任先例、可致沙汰云々、如遠江入道(名越朝時)生西(于時式部丞)承久三年六月・同八月状者、所領下可有相違云々、如建長二年十二月御下文者、定朝可為地頭・公文□、山田・弘瀬為各別否、両方証文雖為参差、所詮、如元久元年御教書者、山田郷地頭惟憲事、被止其職畢、至弘瀬郷者、不被□無其（ママ）御家人所帯、争可被停止哉之由、被載之、已為各別之条明白也、然者山田郷輙難被付地頭職於領家歟是一、次幸円所進元久御教書事、初句令引載訴状之間、頗問状躰也、終章若猶訴訟出来者、可令停廃其職之旨、被載之間、為誡之御詞歟、何以此状、可破建仁・元久両度安堵御教書哉是二、次書与怠状幷名薄（ママ）及起請文於領家畢、為領家進止之由、幸円雖申之、代々給御教書、地頭三代之間、経年序之上、不及子細歟是三、次如式目者、雖帯御下文、於過廿箇年者、不及沙汰云々、何況三代五十余年勤仕御家人役之間、今更難被避歟是四、凡宝治之比、遂対決、所務条々、被定下之上、地頭職事、不及改沙汰、次和与事、領家三分二、地頭三分一可令分領之由、両方出和与状之間、可被叙用否、有其沙汰之処、和与之条、不可然之旨、領家行遍僧正令申之上、幸円辞当郷雑掌、属地頭之間、以教信阿闍梨、為雑掌、就本問注記具書、可蒙御成敗之由、行遍申之、然者於件和与状者、旁以非沙汰之限焉。

一・山田郷惣追捕使職事

右、如定朝申者、山田郷地頭・惣追捕使両職者、定直重代私領也、而両職共以去給之由、領家号之、宛給他人畢、今披見被避□被止地頭職、至惣追捕使者、不被避之旨所見也、早□給云々、如幸円申者、代々為領家進止、宛給他人之後、経年序畢云々者、先々得領家下文之条、定朝承伏之上、為領家沙汰、宛給他人、経年序之間、今更不及沙汰矣。

一・幸円吐悪口由事

右、彼是共以雖申子細、所詮、奉行人明石左近大夫兼□・平内左衛門尉俊職令聞之由、両方令申之間、被尋問之処、如申状者、非指悪口之間、不及沙汰焉。
一・定朝京方事
右、両方申状雖多枝葉、所詮、承久京方事、於今者、無其沙汰之間、不及子細矣。
一・定朝・定時籠置強窃二盗事
右、訴陳状之外、無別子細之由、両方申之、而如彼状者、子細不分明之間、仰守護人所、可被尋究也焉。
一・重松名田数事
右、如幸円申者、地頭給田壱町・雑免壱町（号重松名）之条、見実検名丸、而宝治検注之時、定朝等不引里坪、掠申之間、重松陸町□取帳畢、遂終検注節、預所・地頭両方取帳読合之後、擬固目録之処、定朝注十三町、作人名字可結入目録之旨、雖申之、不能叙用、而自地頭方、号重松之由、進入筆取帳之条、其科難遁云々、如定朝申者、当名自元為十三町之条、見先預所弁継承久二年名丸、壱町所当者伍石余也、而地頭名所当廿余石之条、見実憲陳状、於為雑免者、何可弁弐拾余石哉、宝治取帳事、自重松名取初之処、当名者、無其隠之間、注付下作人名字畢、時定分高宮者、検注之時、重松之由注付也、其外者不可有重松之旨、検注以後重禅令申之旨、承及之間、早可被注入也、於地頭方取帳者、注付之、読合之時、可持□由、□之処、□任意之由、重禅返答之間、注付之、持向之処、雖支申、遂読合畢、可被召問也、於構出謀書者、争可相触嫡人哉、而先問注之時、為存知可注給之旨、忠光申送之間、書遣案文畢、全非忠光入筆云々、幸円申云、如弁継承久二年名丸者、建久九年実検之由載之、重松拾参町之旨、一切不載承久帳、構出謀書之間、前後不符合歟、号文書紛失之由、為雑掌詮用状者、不進之、如此構出謀書之条、無道也、実憲陳状事、未進、已以過分也、然者先年沙汰之時、未進相続之間、載其次第歟、宝治取帳読合者、宝治二年十一月十八日之□両方取帳一切可書入重松名之由、不申之、而同十二月廿四日可注入拾参町之由、地頭申送之間、為読合以後入筆之条、顕然也、就中先問注之時、定朝代官忠光始則称正帳之由、後亦為存知重松名員数、目安注付之旨申畢、而今所変詞也、宝治二年名寄・建長元年損亡注状進之、被召出地頭方同状者、入筆可令露顕也、其時一切無入筆、今書入之条、無異儀、証文顕然之間、何可被□哉云々、定朝申云、建久九年検注帳者、実検使有兼上座□致非法、被破之由、載先段弁継状、為謀書否事、不及胸臆相論、類判進之、可被比校也、其上紙色経年序之条顕然也、随又云手跡、云判形、被召問弁儆者、無隠歟、実憲陳状事、顕然之上、不及別子細歟、宝治取帳事、十一月十八日読合之条、勿論也、同十二月廿四日注文者、読合以後重松事、重申送之処、給注文可令存知之旨、重禅度々申遣之間、為公事配分注遣畢、何可為読合以後証拠哉、名寄幷損亡注□被召問作人之由、令申之上、不及彼状沙汰歟、忠光申詞事、忠光可申云々、忠光申云、正帳之由不申之、為存知注給之旨申畢、奉行人定令聞及歟云々、幸円申云、忠光申詞者、奉行人等令聞之間、不及重申、弁継注文者、状文紕繆露顕之上、不能類判幷証人沙汰、書入重松名、至遂宝治取帳読合者、何号為公事配分、可召注文哉云々者、承久二年名丸事、件注文上建久取帳田数雖令相違、如彼名丸者、以他名、引入重松名之旨、有所見之間、以建久田数相違、無左右、難号有紕繆歟、加之、定朝備進類判之上、可被尋弁儆之由令申之処、幸円遁申之間、旁以難処謀書、次宝治取帳事、当郷内定朝分有重松之由、不載領家方取帳之処、定朝以後日書入重松名於自身取帳之条、頗雖似自由所行、書入事、非預所免許者、何重松名御服所当之由、預所可出宝治・建長返抄哉之旨、定朝所申非無子細歟、爰就当時押領、納年貢之間、不足証拠之由、幸円令申之条、難被叙用歟、然則於定朝者、難処罪科、次当名田数事、定朝帯承久名丸幷返抄之上、守先例、可引募也矣。

一、苅取高宮村新田作稲由事

右、如定朝申者、重禅以当他所人勢、建長元年八月廿七日地頭時定正作・同名市庭住人等作稲陸百余束苅取畢、背御下知状、致狼籍(藉)之間、可被改易重禅云々、如幸円申者、為預所名安丸内之間、代々無相違、宝治検注之時、如元、請負預所名畢、両方取帳明白也、然者預所下人蒔種子於彼田、令称作之日、定時率多勢、俄二三十束苅之程、押殖之後、不汲水、不取草、一向棄置之間、幸円舎弟右衛門尉家時以佐藤次郎、為使者、作人歎申之由、申送之処、可苅取之旨、返答之間、西仏法師苅之、且有安丸名之条、見正治二年年貢散用状云々、定朝申云、安丸名字不承及之、散用状者、非名丸之間、不足証拠、加之、件名事、宝治取帳読合之時、不載之処、今如雑掌方取帳者、載安丸名之条、為入筆歟、検注之時、請負預所名否、可書合論起請之由、時定所申也、苅田員数幷時定免否事、被召問家時之後、可申子細云々、幸円申云、宝治取帳者、遂読合之処、令相違之条、已定朝謀書也云々者、定朝則預所蒔苗令耕作者、可言上子細歟、而無左右押殖之条、無其謂、預所亦定時免許事、無指証拠之処、作人称苅取之由、無沙汰之条、為非拠歟、云彼云此、忘穏便儀之間、不及沙汰、次如幸円所進正治二年年貢散用状者、有安丸名之旨見也、而預所方宝治帳者、安丸名之由載之、如地頭方同帳者、不載彼名之間、相互就件取帳、申子細之処、於地頭方取帳者、重松名事、有入筆之由、幸円令申之外、無指難申之旨歟、而彼帳与雑掌方同帳令相違之間、幸円所帯状聊雖胎不審、至当郷者、安丸名字之由、定朝令申之処、載正治散用状之間、為定朝不実歟、而非名丸之間、難叙用之旨、定朝雖申之、無安丸名者、何可載散用状哉、至両方所進宝治取帳者、重松・安丸両名事、相互令相違之上、非於（ママ）預所・地頭、加判状之間、難被用捨歟、然則於安丸名者、任正治散用状、至重松名者、守承久名丸幷宝治・建長返抄、所被裁許也焉。

一、弘瀬郷惣追捕使職事

右、幸円則地頭押領之由申之、定朝等亦先例不被定置其職之旨申之者、号先預所能継・利近等状、問注以後定朝等雖備進之、以彼状、無左右、難被是非、然者所被尋問先例於庄家也矣。

一、同新田事

右、如定朝等申者、於新田者、故右大将（源頼朝）家御時、可為地頭得分之由、所被仰下諸国也、件田肆町余者、治承・

建久両度検注以後、定直令開発荒野之間、先預所弁儆・定心等検注之時、不付取帳、就中可依先傍例之由、被載宝治御下知之間、当郷者、預所不相交之上、尋傍例之処、同前也、而預所重禅背御下知状、刈取作稲之条、狼籍(藉)之科難遁歟、作人等申状進之、先々預所交沙汰者、領家何可出乞状哉、宝治検注之時、不見新田者、不可遂本田実検之由、預所支申之間、付取帳之処、何背先例、可被結入目録哉云々、如幸円申者、縦雖為新田、検注之時、載取帳之上、不蒙使免許者、争地頭可籠置之哉、況本田跡也、(右脱)大将家御下知事、不帯彼状之旨、被載宝治御下知畢、傍輩状事、私取進縁者等状之間、不足証拠、次刈田事、為所当沙汰、可令黙(点)定歟之由、雖申之、作人等依為地頭縁者、同下人不叙用之、刈取畢、預所不刈之条、見定朝所進作人等状云々、爰如両方所進宝治二年七月日御下知状者、新田事、右大将家御時可為地頭分之由、被仰下諸国之上、開発之後経数十年之旨、定朝雖申之、不帯御下知状歟、随又国々之例、必不一様、且任先例、且依傍例、可致其沙汰云々、就此状、相互申子細之上、定朝等難取進傍輩状、所詮、不蒙検注使免許者、縦雖為新田、争地頭可令押妨哉、随又宝治検注之時、已被載取帳畢、然則停止地頭濫訴、早可因目録也焉。

一、漆事

右、如定朝申者、百姓分漆者、地頭雖掻之、領家分者、任先例、令進済之処、当預所掻取之上、地頭名於曽波谷・伊加須谷・加々谷・高宮開発新田漆等押取之云々、如幸円申者、漆掻者預所下人也、引募免田、掻漆、令進済預所方事、先例也、地頭一切不取得分、次定朝等申四箇所漆事、皆以百姓分也、如彼等申状者、一向当郷令押領歟、以件所々、就在家相論段、可令落居之間、不及委細云々、定朝等申云、漆掻者両方役人也、而為漆掻役掻之、領家分四合八撮、預所・地頭各一盃也、重禅押取地頭得分畢、可被尋弁儆也、四箇所漆事、尤可依在家段(ママ)云々、幸円申云、弁儆者為地頭縁者之間、不足証人云々者、漆掻為両方役人否、幷地頭得分有無事、於弁儆者、預所嫌申之間、不足証人、其外無指証拠歟、然者被尋問庄家、可有左右、次四箇所漆事、可依庄家相論段之由、両方申之、其上不及別子細矣。

一・千手堂免田壱段事

右、如定朝申者、件堂者、百姓延正名内也、彼堂顚倒之間，弁継下人増仙建立畢、免田者、以荒野、預所・地頭相共寄附之間、年来柿谷院主明鑒所領作也、而石丸之由掠申之、称送夫対捍之旨、苅取之云々、如幸円申者、増仙建立之条、勿論也、為延正名内之由令申之条、不実也、免田者石丸名内也、延正与増仙為各別作人之条、見宝治取帳、如建暦寄附状者、為預所進止歟、至貞応三年、為増仙沙汰居置住僧畢、而貞茂定朝父以無道張行郷内之間、云堂舎、云僧坊、押領之、所居置明鑒也、明鑒所従上光法師造小屋於彼田、令居住之処、定朝舎弟侍従房良清招寄三位房定朝甥明鑒弟子幷禅良同弟子・行妙法師同所従・尺王法師以下輩打四一半之間、於下輩者、引過料、至良清等者、称御家人、可蒙関東裁許之由、定朝依令申之、于今、不加禁遏、然者追却上光法師、黙(点)定作稲、所省宛彼堂修理料也、於良清等者、可被召禁云々、定朝申云、四一半事不知及之、沙汰出来之時、定朝抑留良清等否、可被尋守護又代官孫太郎也、預所家子難波二郎宝治二年於預所宿所打四一半畢、何無其沙汰哉、以上先作毛宛修理料由事、不実也云々、幸円申云、孫太郎者為地頭縁者之間、不足証人云々者、千手堂事、為延正名内否、胸臆相論也、増仙建立之条、定朝承伏之間、可為預所進止也、同免田事、如定朝所進建暦二年十月十日寄附状者、新田壱段事云々、地頭・預所加判之間、非石丸名内之由、定朝雖申之、寄附当堂之後、経年序之間、不及勘落、早可為堂免、次同作毛事、宛置修理料之由、幸円令申之上、不及異儀、次四一半事、相互雖申子細、所詮、良清等者、御家人之由、令申之上、尋明犯否、可注申之旨、所被仰守護所也焉。

一・押取高宮村新畠作毛由事

右、如定朝申者、件畠大豆・小豆・麻・苧・白苧・桑押取畢、年来地頭下人下藤庄司作畠也、畠事、両方可致沙汰之由、被成御下知畢、況於地頭下人作畠哉云々、如幸円申者、両方可致沙汰之旨、被仰下者、平民内逃死亡跡事也、何寄事於左右、可濫妨安丸名内哉、時定下人庄司男皆以苅取件作畠之条、預所訴訟也云々者、為胸臆相論之間、暗難是非、然者云作毛、云下地、任土帳、被糺明、可有左右矣。

一、山手・河手事

右、如定朝等申者、預所先例不相交之処、建長元年始押取河手材木畢、承久以前預所令取否、可被召問近隣輩云々、如幸円申者、一向為領家進止、沙汰来之処、承久以後押領畢、近隣住人等者、争可知及承久以前事哉云々者、御使入部之次、以起請文、被尋問承久以前例於近隣古老住人等、可有左右焉。

一、預所令落勘仏神田由事

右、問答之詞子細雖遍、所詮、於宝治帳者、重松・安丸為入筆之由、相互令申之外、両方共以不加其難歟、然則於下地者、停止地頭非論、任宝治取帳、可引募也、次同田地頭加徴事、云彼加徴、云預所方京上幷田率役、不可宛催之由両方申之、此上不及異儀矣。

一、大萱生名田参段見作弐段事

右、定朝・宗定等則先祖定綱開発之後、依引籠地頭名、父定直譲宗定之間、寛元年中給安堵御下文之処、預所濫妨之由申之、幸円亦為領家恩顧之処、宗定違背之間、可上取之旨申之、爰如宗定所進先預(領)家建久七年十月日下文者、宛給西大萱尾、右宛給定直之状、如件、招居浪人、可致能治、兼又、随京下使進止云々、如定直法師法名蓮仏仁治二年六月日譲状者、弘瀬名田事、以上壱町柒段大云々、坪々略之、如寛元元年九月三日、御下文状者、任貞直法師譲状、可令領知云々者、為領家恩顧之条、見宗定所進領家建久七年下文、而当郷名田等就父譲状、寛元元年号給安堵御下文、敵対領家之条、甚自由也、然則於件大萱生名田者、宜為領家進止焉。

一、松本名刈田事

右、如定朝申者、逃死亡跡者、預所・地頭相共可付作人之旨、見宝治御下知状、然者相分松本名之処、自預所方、越境押作之上、定朝作田伍拾束刈許預所刈取云々、如幸円申者、松本田者預所分也、刈田事、不実也云々者、於下地者、止私中分、招居浪人、両方可召仕也、至作毛者、依為胸臆相論、不及沙汰矣。

一．柿谷寺事

右、如定朝申者、先祖定綱建立之間、子息定澄卜屋敷於当寺之上、有墓所、預所者不卜墓所、為代々氏寺之間、定茂以院主職幷神田、譲与子息僧良清畢、但、院主初任之時、如形、引進見参料於預所之外、全以預所不相交之処、当預所押居坊舎、令張行地頭建立寺者、預所不相交之条、傍例証文進之云々、如幸円申者、為泰澄大師建立之間、経数百歳星霜畢、何定綱造立之由、可掠申哉、為白山末寺之上、藤峯一宿也、院主職者、代々領家進止之間、預所令居住畢云々、定朝申云、雖為私建立、北陸道之習山臥通峯之時、依便宜、令定于宿者先例也、然者当時雖為医王山一宿、何非地頭進止哉云々、幸円申云、医王山一宿之由承伏之上、勿論也云々者、地頭建立歟、将又為預所進退否、共以無指証拠歟、然則被尋問庄家可有左右焉。

一．加徴事

右、如定朝申者、領家佃家壱町者、自元、不取加徴、於預所給田弐町者、自往古、取地頭加徴壱段別壱斗之処、宝治検注之後、令抑留云々、如幸円申者、承久以前者地頭不取公田加徴、元久御教書者、所隠持也、況於領家佃・預所給田哉、其上無傍例歟、但、自領家佃・預所給田、可取地頭加徴者、自地頭給田、可弁領家方御服所当歟、就中領家佃参町壱段参佰歩之条、見正治目録、何其内壱町之外、可取加徴哉、預所給田弐町・千手丸弐町者、為往古除田之間、一切不取加徴云々、定朝申云、公田加徴事、元久御教書一切不隠置之、領家佃壱町・地頭給壱町者、自元、被載目録之間、相互無課役沙汰、預所給壱町幷所残者、雖為往古除田、為領家坊人等給恩之間、取地頭加徴事、先例也、正治状者、地頭不加判之、領家方所当散用状也、随又件状者、為高取(ママ)之間、郷民等依令逃散、実憲為新補預所、入部之後、免除段別小之時、所定置領家佃壱町也、参町事、不承及之、但、地頭方雑文書者紛失之間、不備進之云々、幸円申云、定朝者以口臆之詞構申不実、幸円者進証文、只仰上裁、雖有地頭之号、不相交所務之間、不加判形於取帳云々者、承久以前地頭不取公田加徴之由、幸円雖申之、如定朝等所進元久二年二月五日御下知状者、可取件加徴之条、無異儀、次領家佃員数事、破正治取帳目録之由、不帯証文、定朝等濫妨之条、無其謂、任彼状、可引募也、次同佃内弐町余幷預所及千手丸給田等事、為往古除田之処、可取加徴之由、定朝等令申之条、過分所行也、早可令停止彼濫妨矣。

一、公文職事

右、相互雖申子細、所詮、就元久二年御下知状、宝治二年被付地頭畢、彼御成敗之趣、無指相違之間、不及改沙汰、然者、地頭兼帯之、任先例、可相従領家方所務焉。

一、御服綿事

右、如幸円申者、件綿者、弁伍段別壱両之条、先例也、而定朝押領公田等、責取参段別壱両、令進五段別壱両於領家云々、如定朝申者、重松名拾参町内公田者、進止下地之間、有限領家方御服無懈怠、依為自名内之沙汰者、何預所可支申哉云々者、於地頭自名者、有限年貢無懈怠者、内々沙汰之趣、不及預所訴訟矣。

一、勧農田事

右、如幸円申者、為預所進止、付作人之条、先例也、就中預所・地頭所務各別之間、地頭不相交之条、宝治相論之時、定朝申詞顕然也、而相共可致沙汰之由、被載同下知仰詞之条、雖胎訴訟、当時者任御下知、致沙汰之処、定朝等或引籠重松名、或宛給所従等云々、如定朝申者、地頭・公文役等致勧農沙汰事、先傍例也、先々勧農状案進之、正文者作人等所令帯也、両方可致沙汰之由、被載宝治御下知之処、背彼状、頭(預)所一向張行云々、爰如定朝所進勧農帳者、為案文之間、不足証拠、如宝治二年御下知状者、勧農事、為預所沙汰之由、載定朝申詞之処、於不作跡者、預所・地頭相共可致沙汰之旨、被仰下之間、申詞与仰詞参差之由、幸円雖申之、平民内逃死亡不作損亡跡者、預所・地頭相共招居浪人両方召仕事、為傍例之間、不及改沙汰、但、以平民跡、不語付百姓、或地頭引籠之、或令宛作同下人等之条、公役懈怠之基也、早可令停止焉。

一・地頭等押領百姓名田事

右、如幸円申者、於平民者四十名、至地頭分者、重松廿宇加脇在家十九宇定也、而定朝・定時等押領往古百姓在家幷領家開発之地、或召仕之、或為屋敷、或称公文分之間、遂検注、任建久取帳、擬致沙汰之処、定朝等不叙用云々、如定朝申者、領家開発事、不実也、有限百姓十七名所役無懈怠、百姓四十宇幷在家検注事、不承及、仍難申領状云々、爰如建久取帳者、云田地、云在家、共以遂実検事、勿論歟、而遁使節、押領在家之条、無其謂、然則可遂在家検注、但、於有限地頭公文等在家者、任建久取帳、可除之也矣。

一・御服幷所当未進事

右、両方任申請、早遂宝治二年以後結解、有未進者、任被定置之旨、可令弁償焉。

一・節料・早初米・五節供事

一・吉方方違幷預所下向雑事間事

右、如幸円申者、件所役等者、就公田之跡勤仕之条、先例也、而定朝等打止之、定朝・同母堂幷子息等責取彼役云々、如定朝申者、預所在国之時、件役等不対捍、地頭方取彼役事、先例也、子息敏定事、別志也、母堂分事、不実也云々者、預所方節料・早始米・五節供幷下向雑事等者、不致妨之由、定朝申之、此上不及異儀、同方違引出物事、号先例、自百姓等之手、責取之条、無其謂、早可止之、次地頭方五節供幷責取方違引出物事、同以任傍例、可令停止之也、次地頭母堂幷子息分事、為不実之旨、定朝論申之上、勿論焉。

一・天満・高宮両所市事

右、幸円則件市者、或百姓分、或立預所分地之処、不相交預所之由申之、定朝亦為地頭沙汰、立地頭開発新田并無主荒野之間、不相交預所、若又預所令立市於荒野者、地頭不可支申之旨申之者、件市下地并立市之時、預所令合力否、被尋問可有左右矣。
以前条々大概如此、抑去年十二月成給下知状於両方畢、而雑掌方下知状於参河国八橋宿令焼失之由申之間、以先度符案、重所被写下也者、依将軍家仰、下知如件。

弘長二年三月一日

武蔵守平朝臣（北条長時　六代）　花押
相模守平朝臣（北条政村　七代）　花押

＊前田育徳会所蔵の原本で破損の部分は、金沢市立図書館所蔵「温故古文抄」・同「松雲公採集遺編類纂」百廿一によって補った。

主な参考文献

「富山県史　通史編Ⅰ原始」
「富山県史　通史編Ⅱ中世」
「富山県史　史料編Ⅱ中世」
「富山県の歴史」　深井甚三・本郷真紹・久保尚文・市川文彦著　山川出版社
「富山県（改定郷土史辞典18）」　弘瀬誠編　昌平社
「福光町史（一九七一年版）上」　福光町町史編纂委員会　富山県福光町
「福光町史（二〇一一年版）上」　福光町町史編纂委員会　富山県南砺市
「医王は語る」　富山県福光町医王山文化調査委員会　富山県福光町
「日本の歴史6武士の登場」　竹内理三著　中央公論社
「日本の歴史7鎌倉幕府」　石井進著　中央公論社
「逆説の日本史4中世鳴動編」　井沢元彦著　小学館文庫
「逆説の日本史5中世動乱編」　井沢元彦著　小学館文庫
「東と西の語る日本の歴史」　網野善彦著　講談社学術文庫
「日本の歴史を読み直す」　網野善彦著　ちくま学芸文庫
「歴史を考えるヒント」　網野善彦著　新潮文庫
「米・百姓・天皇」　網野善彦・石井進著　ちくま学芸文庫

「荘園」　永原慶二著　吉川弘文館
「研究入門日本の荘園」　阿部猛著　東京堂出版
「荘園史用語辞典」　阿部猛編　東京堂出版
「荘園史研究ハンドブック」　荘園史研究会編　東京堂出版
「歴史公論　第4巻第5号（荘園と日本の国家）」　雄山閣出版
「日本人とは何か」　山本七平著　祥伝社
「げんきな日本論」　橋爪大三郎・大澤真幸著　講談社現代新書
「本当は面白い『日本中世史』」　八幡和郎著　ＳＢ新書
「鎌倉幕府と朝廷（シリーズ日本中世史②）」　近藤成一著　岩波新書
「古寺に秘められた日本史の謎」　新谷尚紀監修　洋泉社
「大伴家持　光と影と」　北日本新聞社編　北日本新聞社出版部
「石黒氏の歴史の研究」　石黒秀雄著　石黒氏の歴史研究会
「石黒荘の成立と石黒氏の台頭」　久保尚文著（論文）
「勝興寺と越中一向一揆」　久保尚文著　桂書房
「越中古代社会の研究」　木本秀樹著　高志書院
「砺波の歴史」　砺波市史編纂委員会　砺波市
「微地形と中世村落（中世史研究選書）」　金田章裕著　吉川弘文館
「砺波散村の展開とその要因」　金田章裕著（論文）　砺波散村地域研究所研究要綱
「石黒党と湯浅党」　湯浅直之・一前悦郎著　桂書房

1204	元久１	定直、幕府から弘瀬郷「地頭」と認められる。山田郷地頭惟憲は仁和寺からの訴えで地頭職を停止される。
1205	元久２	定直、御教書により公文職も安堵される。 弘瀬郷預所弁継が幕府の初代執権北条時政から２代義時に変わった機会をとらえて、「定直が非法を働いた」と幕府に提訴。
1206	元久３	幕府が「定直は先の起請文の通り領家の御命に従うべし」との御教書を出す。これに対し、定直は領家に詫び状を書いた。
1220	承久２	弘瀬郷で検注が実施される。
1221	承久３	承久の乱。後鳥羽上皇、討幕図るも敗北、隠岐に流島される。 幕府、六波羅探題を置く。 越中では、幕府が派遣した北陸道大将の北条朝時（名越氏）軍に対し、在地武士の宮崎左衛門のほか加賀国住人の林、富樫、井上、津幡および越中国住人の野尻、河上、石黒らが官軍（後鳥羽上皇方）に参加したが、すぐに降伏（「承久記」による）。 乱後、藤原氏は北条朝時から改めて地頭識を安堵される。
1222	貞応１	新補率法制定される。
1223	貞応２	北条（名越）朝時、北陸道諸国守護に。
1224	貞応３	２代目地頭定茂が柿谷寺院主明鑒と組んで千手堂を奪取。
1232	貞永１	北条泰時、御成敗式目（貞永式目）を制定。
1248	宝治２	弘瀬郷預所重禅と藤原氏との相論が発生し７月に下知状(裁許状)。 その後、預所・地頭立ち合いのもとで検注を実施し内検帳を作成。
1249	建長１	幕府、引付（御家人の領地訴訟専門部署）を設置。
1250	建長２	弘瀬郷３代目地頭定朝の地位が確定。
1261	弘長１	弘瀬郷預所幸円と地頭定朝らとの相論が発生。 12 月、その裁許状（下知状）を三河国で焼失。
1262	弘長２	上記の下知状を「弘長二年関東下知状」として再交付。
1278	弘安１	弘瀬郷の領家と東方・高宮村・西方の各地頭との和与が成立。
1283	弘安６	仁和寺菩提院僧正了遍が山田・弘瀬両郷を禅助法印に譲渡。
1284	弘安７	幕府、「河手」の全国一律禁令。
1289	正応２	弘瀬郷西方雑掌了覚と地頭定景との相論が発生。「関東下知状」下る。
1311	延慶４	弘瀬郷雑掌と竹内地頭定継との相論が発生し、和与が成立。
1321	元亨１	後醍醐天皇、親政開始。
1333	元弘３	鎌倉幕府滅亡。越中武士（石黒、宮崎、神保、椎名）が守護・名越時有の放生津城を攻め、守護勢討死。 弘瀬郷雑掌と山本村一分地頭定頼が京都で地頭請所を契約。

円宗寺領越中国石黒荘弘瀬郷・関連年表

646	大化２	大化の改新の詔。公地公民制に。
701	大宝１	大宝律令制定。地方（国）には「国司」を派遣し中央集権化進める。
723	養老７	三世一身法制定
743	天平１５	墾田永年私財法制定。初期荘園の設立始まる。
746	天平１８	大伴家持が越中国司（越中守）として着任。
747	天平１９	利波臣志留志が東大寺に米３千碩を奉納し外従五位下に。
794	延暦１３	平安京遷都
927	延長５	延喜式（律令の施行細則）が完成。神名帳に荊波神社らが記載。
1069	延久１	後三条天皇が延久の荘園整理令
1070	延久２	後三条天皇、京都御室仁和寺南傍に御願寺「円宗寺」を建立。
1078	承暦２	8月23日付宣旨により円宗寺領石黒荘が立荘される。
1099	康和１	この頃の山田郷・弘瀬郷の総田地は337町余（仁和寺文書）。
1167	仁安２	平清盛、太政大臣に。
1177～1181		治承年間　弘瀬郷で検注が実施。
1180	治承４	以仁王が「平氏討伐」の令旨。 8月頼朝が伊豆で挙兵。9月義仲が信濃で挙兵。
1181	養和１	清盛（64）歿。 越中国留守所が藤原定直に「可為弘瀬村下使職」との下文送る。
1182	寿永１	木曽義仲が藤原定直に宛て同上内容の下文送る。
1183	寿永２	5月11日倶利伽羅峠砺波山の戦いで石黒光弘、高楯二郎、泉三郎 水巻四郎、福満五郎ら石黒兄弟が義仲軍に従軍。 頼朝、寿永２年宣旨により東国支配権を得る。
1184	元暦１	1月義仲、源範頼・義経軍に追われ、近江栗津で敗死。 4月源頼朝、鎌倉殿勧農使として比企朝宗を越中に派遣。
1185	文治１	壇の浦の戦いで平氏滅亡。 11月頼朝、諸国に守護・地頭を置き、兵粮米を課す。 比企朝宗が越中国地頭となる。
1186	文治２	6月畿内近国37か国の国地頭が停止され、兵粮米徴収も停止。
1192	建久３	頼朝が征夷大将軍となり鎌倉に武家政権を樹立。 藤原定直が領家に名簿を提出して臣従を誓う。
1198	建久９	弘瀬郷で検注が行われる（実検使有兼上座）。
1199	正治１	頼朝（51）歿。
1202	建仁２	定直、越中国守護大田朝季から「地頭沙汰」を安堵される。
1203	建仁３	比企能員の乱。比企能員（源頼家の外戚）が鎌倉で殺される。 越中国でも比企一族の大田朝季が没落。大田派と疑われた定直は 領家に起請文を書き、荘官（下司職）の地位を保つ。

おわりに

富山県南砺市福光に「福光城址・栖霞園」があります。中世の豪族石黒一族の居城跡と思われる場所に、近世の風流人たちが建てた茶室があり、今も利用されています。その名にちなんで平成二十三年、「福光城址・栖霞園をひらく会」（土生居弘会長）という、地域の歴史文化を学ぶ会が誕生しました。

平成二十六年秋、会の役員会で「弘長二年関東下知状という鎌倉時代の有名な裁判記録がある。何が書いてあるのか。それをもとに古文（漢文）の読み方を勉強しよう」という話になり、有志で「弘長二年関東下知状勉強会」を発足させました。少人数でスタートしましたが、何回か勉強会を催すうちに下知状に書かれている内容自体に「これは面白い。八百年前の郷土の歴史そのものが描かれている。今の人にわかるように『翻訳本』を作っておくべきではないか」ということになりました。

早速、古文に詳しい山崎が「返り点」「送り仮名」を付け、一件ごとの読み合わせに入りましたが、漢文にはなかなか慣れず、中世独特の用語を理解するため網野善彦、永原慶二、阿部猛といった「荘園」に詳しい学者や、日本史・郷土史の専門家の方々の本を集め、初心に返って富山県史を何度も読み返しました。

執筆は一前が担当することになり、関東下知状を解読するには予備知識が必要と考え、第一章を設けました。第二章の判決文本体においては、一字一句までの翻訳はできませんでしたが、意味不明部分は傍線を引いておきましたので、「子細」は後の人たちに「沙汰」してもらいたいと思います。

最後に、一地方のささやかな歴史の一コマであっても「後世に残しておきましょう」と出版の労をとって下さった桂書房の特別編集員堀宗夫氏ならびに関係者の方々に深く感謝申し上げます。

平成二十九年十月十日

弘長二年関東下知状勉強会

文　一前悦郎

読み下し文　山崎　栄

会員　名村桂子

松居敏夫

野口潤子

関東下知状を読む

弘長二年　越中石黒荘弘瀬郷

著者略歴

一前 悦郎（いちぜん えつろう）

1946 年富山県南砺市（旧福光町）生まれ

日本経済新聞記者を経て 2011 年から福光城址・栖霞園をひらく会会員

共著に「石黒党と湯浅党」（桂書房）

山崎 栄（やまざき さかえ）

1931 年富山県南砺市（旧福光町）生まれ

富山県立高校国語教師を経て 2011 年から福光城址・栖霞園をひらく会会員

2017 年 10 月 10 日　初版発行

定価　2000 円＋税

著者　一前 悦郎　山崎 栄

編集　Casa 小院瀬見 桂書房編集部

発行者　勝山 敏一

発行所　桂書房

〒 930-0103　富山市北代 3683-11

電話　076-434-4600

FAX　076-434-4617

印　刷　モリモト印刷株式会社

ISBN 978-4-86627-034-0

地方・小出版流通センター扱い